La mère et l'enfant

Charles-Louis Philippe

Alpha Editions

This edition published in 2024

ISBN : 9789362990174

Design and Setting By
Alpha Editions
www.alphaedis.com
Email - info@alphaedis.com

As per information held with us this book is in Public Domain.
This book is a reproduction of an important historical work. Alpha Editions uses the best technology to reproduce historical work in the same manner it was first published to preserve its original nature. Any marks or number seen are left intentionally to preserve its true form.

Contents

CHAPITRE PREMIER..- 1 -
CHAPITRE DEUXIÈME ....- 9 -
CHAPITRE TROISIÈME...- 17 -
CHAPITRE QUATRIÈME ....- 32 -
CHAPITRE CINQUIÈME...- 39 -
CHAPITRE SIXIÈME..- 48 -
CHAPITRE SEPTIÈME...- 56 -
NOTE:..- 67 -

CHAPITRE PREMIER

Un enfant naît un soir, rouge et bouffi, désordonné comme un morceau de chaos. C'est quelque chose de semblable à un nouveau meuble qu'on apporte à la maison et qu'il faut observer et polir pendant longtemps avant de lui donner un air familial. C'est surtout quelque chose de semblable à une petite bête mal élevée qui ne sait pas faire un usage convenable de ses pieds, de ses mains et des organes de son corps. Papa, maman, observez bien, polissez bien le petit objet, parce qu'il faut, un jour, que son image soit gravée dans votre mémoire et que sa vie soit pareille à votre vie; dressez bien le petit animal, parce qu'il faut, un jour, qu'il sache marcher et se tenir comme un beau petit bonhomme civilisé.

Les bonnes mamans si pâles qui viennent d'accoucher ont des sens délicieux pour apprendre à connaître leurs petits enfants. Leur corps fatigué semble être peu de chose, leurs yeux ont une vie atténuée de fleurs et versent des regards délicats comme des sentiments. Elles ont l'air d'être en communication merveilleusement avec l'au-delà. Leurs mains ont un toucher qui se pose, mais ne s'appuie pas. O douceur! Elles rattachent immédiatement le petit être à la lignée familiale; où vous voyez un visage de chair molle, elles découvrent des formes et des ressemblances. J'ai vu une jeune maman qui disait à son mari:

—Son nez ressemble à ton nez, mais il ressemble encore davantage à celui de ton père.

Toute chose est cataloguée. On trouve aux yeux des regards expressifs et, pour un peu, l'on trouverait que la petite tête a une allure de tête intelligente. Lèvres rentrées du bébé qui n'a pas encore de dents, vous ressemblez aux lèvres du papa, si douces! Mais vous, surtout, petits ongles translucides, l'on vous regarde parce que vous êtes jolis comme de la chair rose, et parce que votre forme nette évoque bien mieux la parenté rêvée. Et j'ai dit qu'un enfant c'est quelque chose de semblable à un nouveau meuble qu'on apporte à la maison. Vous voyez bien que ce n'est pas vrai, puisque huit jours après sa naissance il a déjà cet air familial des vieux parents et des vieilles choses. Et, mon Dieu, s'il y avait quelque forme en lui qu'on ne pût rattacher à une forme connue, l'on en serait très heureux, parce qu'elle ferait déjà une personnalité au cher petit être.

Ce n'est pas tout. Car en même temps qu'elle étudie l'enfant dans sa forme, la maman l'observe aussi dans ses gestes et dans le jeu de ses organes. Sa main est si faible et si molle qu'elle se tient crispée: on y glisse un doigt, et voici qu'elle le presse. Les êtres faibles, les noyés, les malades et les enfants mettent toute leur force dans leurs mains, les noyés pour s'accrocher aux branches, les malades pour presser la main de leur médecin, et les enfants pour s'associer à une vie protectrice. Ses pieds s'agitent joliment, l'air un peu fou, et l'on croirait que chaque doigt du pied est une petite bête à part. Et puis l'enfant bâille, il tette, et il a le hoquet. Il tette comme un gourmand, comme un goulu qui se précipite sur la nourriture. Il faut régulariser ce mouvement, et lui apprendre à ne pas téter trop fort parce que cela donne le hoquet. Et ce qu'il y a de tendre dans le cœur de la maman fait qu'elle connaît le fonctionnement de tous ces organes avec une délicatesse fort grande, si bien que l'enfant n'a pas besoin de pleurer pour qu'elle s'aperçoive s'il est malade.

Un peu plus tard, vers trois ou quatre mois, on voit apparaître quelque chose de très doux, et c'est le commencement de la formation de la conscience. Des gens savants: des médecins et des licenciés en histoire naturelle, m'ont dit qu'à ce moment apparaissaient dans le cerveau des enfants beaucoup de cellules nerveuses correspondant aux organes des sens. Les mamans ont une intuition délicieuse, elles qui, connaissant bien les yeux de leur petit, savent y voir passer les images et les pensées. Elles savent aussi reconnaître à un tressaillement de son corps qu'il entend les sons et les bruits. Et puis, elles sourient en voyant le méli-mélo de toutes ces sensations qui fait qu'il voudrait toucher le soleil qui brille et attraper les paroles qu'il entend.

Alors elles le prennent à leur cou pour le promener, afin de lui montrer des spectacles éclatants. Petit bébé, voici ce qui brille, voici ce qui chante, voici tout ce qui est beau. Le soleil, la musique, et les belles dames. Lorsque j'avais quatre mois, les carlistes espagnols chassés de leur pays vinrent chercher un asile dans le nôtre, et une de leurs troupes resta longtemps dans ma petite ville. Le dimanche, ils donnaient des concerts sur la place. Ils étaient vêtus de bleu et de rouge, et leur musique de cuivre rapide et brillante avait une âme très vive. Oh! certainement, il devait se passer dans ma tête une exquise petite cuisine de lumières et de bruits qui faisait tressaillir mes facultés obscures comme, dans ses alvéoles, tressaille le joli miel aux rayons du soleil. Les faibles cellules nerveuses des savants devaient se former, se fortifier, je devais presque comprendre. O Carmen noires de l'Espagne dont parlaient les musiques, votre souffle rouge était brûlant!

Un peu plus tard encore, on apprend aux enfants à sourire. Sourire, c'est avoir de la joie, avoir de la joie c'est déjà savourer le bonheur de vivre. Pour faire sourire les enfants, on leur chatouille le menton, ce qui agite leur petite chair, on leur met les yeux dans les yeux, on remue les mains, on prononce des syllabes drôles, afin de leur faire voir ce qu'ils aiment: des choses brillantes qui sont les yeux, des choses remuantes qui sont les mains, et leur faire entendre des sons gentils qui sont à la portée de leur cerveau, puisqu'ils ne veulent rien dire. Ils finissent par avoir un sourire très large, sans restrictions, et qui semble une action minuscule dans laquelle ils mettent toutes leurs forces. Alors les mamans sont heureuses. Sourire, beau sourire, vous êtes la forme raffinée du bonheur. Les animaux, qui n'ont que des joies, ne savent pas sourire, mais ils gambadent, ils sautent, et c'est là l'expression brutale des joies matérielles. Mais il sourit, le petit enfant, et ses yeux, ses joues et ses lèvres ont un air charmant. On lui dit, en appuyant sur les mots:

—Tu es un gros déplaisant!

Il ne comprend pas, il entend, il voit, il sourit encore davantage. Cher petit cœur, petit blondin, petit bout d'homme, petit enfant! Pour être un petit homme, maintenant, il ne vous reste plus qu'à parler.

A partir de ce moment, les actions se précipitent. On ne sait pas bien comment cela commence, mais voici qu'un jour, alors qu'il contemple le soleil, ou la lampe, ou le feu, l'enfant se met à parler. On appelle cela gazouiller. Ce n'est pas encore des syllabes, c'est à peine des sons, c'est lumineux et tremblant. C'est indécis comme un rayon de soleil au matin. On sent une petite conscience qui perce son enveloppe et qui fait du bruit, naïvement, pour montrer qu'elle est là. C'est comme un ruisseau qui passe sur des cailloux. C'est aussi comme un oiseau qui chante, sans cause, tout simplement parce qu'il est en vie. Maintenant, chaque fois que l'enfant regardera quelque chose, ses yeux brilleront, et il gazouillera. Je vous dis qu'il y a le feu, la lampe et le soleil qui entrent dans son cerveau comme de la lumière, et qui en sortent comme des paroles. Maman me disait en riant:

—Mais enfin, ne cause pas tant! Ça t'entre par les yeux, et ça te sort par la bouche!

Et l'attention s'éveille, et de quasi-réflexions lui viennent en même temps. Si ses membres s'agitent, si ses yeux brillent, et s'il gazouille, c'est peut-être parce qu'il commence à penser. Lorsqu'il est en train de téter, souvent il s'interrompt pour regarder alentour, et parfois il sourit aux choses qu'il connaît. Il n'a plus comme autrefois un sourire heureux et vague, non: il sourit avec un air d'intelligence. Il a l'air de dire à la lampe: Tu es la lampe, et à la table: Table, tu es là, mais surtout, il a l'air de dire à son papa et à sa maman: Je vous reconnais bien. Jusqu'ici, on l'avait vu tout en lui-même, sa petite âme était enfermée dans son corps comme un bijou dans un coffret, mais maintenant il s'épand, il s'exhale, et il connaît les objets, et il est un être qui reçoit des impressions de l'Univers. O vous, maman qui êtes à l'affût de son âme, vous saisissez tous ces éveils pour donner à votre enfant les enseignements qu'il faut. Vous comprenez alors ce qu'il comprend. Lorsqu'il regarde la lampe, vous lui pincez les joues pour attirer son attention sur vos paroles, et vous dites des phrases atténuées qui peuvent aller jusqu'à lui. Vous vous mettez à sa place, vous vous composez une âme semblable à la sienne, vous le guettez, et, alors, devinant bien vite toutes ses sensations, vous vous emparez d'elles pour les développer et les agrandir. Son âme est pareille à un petit enfant que vous prenez par la main pour le conduire jusqu'au bout de sa route.

D'abord, vous vous emparez de son joli gazouillis. Tout doucement, vous essayez de le comprendre. Il se révèle en votre cerveau des facultés de vieux savant. Vous classez les sons: il y en a qui sont plus compliqués et qui témoignent déjà d'un bel entendement. Vous vous en emparez avec délicatesse, vous les mettez en vous et vous faites votre âme se mouvoir autour d'eux. Alors, un beau soir, lorsqu'il a fini sa besogne de téter et qu'avec ses yeux vides, il regarde toute chose, vous les lui répétez. Tout d'abord, il ne les reconnaît pas. C'est peut-être parce qu'il ne pense pas à cela, mais bientôt vous l'attirez par la douceur de votre voix et de vos yeux, vous l'attirez à vous, et voici qu'il vous préfère au feu ou à la lampe, et qu'il vous regarde, et qu'il vous écoute. Vous lui répétez encore, comme une chanson, les deux ou trois petits morceaux de gazouillis: il les reconnaît bien, et il lui semble que c'est quelque chose de lui-même qui sort de votre bouche. Alors, il part en un sourire, avec clarté, tout entier, et il dit et il redit et il redit encore, comme une chanson, les deux ou trois petits morceaux qu'il connaît.

Oh! C'est beau! Ce n'est plus comme s'il les disait spontanément, non: il répète aujourd'hui les paroles de sa mère parce qu'il est attentif à elle, et il les répète comme un écolier récite sa leçon, ayant compris qu'il faut apprendre. Esprit d'imitation: nous trouvons une parole belle, et nous la répétons. Souvent elle est une des anciennes paroles, mais celui qui la dit l'imprègne de quelque chose de neuf qui est sa vie, et quand nous la répétons, elle s'est agrandie, elle vibre, elle contient un peu du cerveau d'un homme intelligent. Ainsi le petit enfant. S'il part en un sourire, avec clarté, tout entier, s'il est heureux, c'est qu'entendre ses paroles les lui a fait voir, les lui a fait sentir, et il trouve qu'elles sont jolies et qu'elles sont drôles puisqu'il en sourit.

Oh! C'est beau! Mais il ne faut pas s'arrêter à cela. La maman admire en passant, comme un homme rentrant à sa maison admire près de sa route une belle fleur éclose dans un beau jardin. Elle sait où il faut conduire son enfant, et donc, elle va, les yeux un peu fixes, là-bas où la vie est plus vivante, là-bas où les enfants, après avoir gazouillé, petits innocents, savent déjà prononcer, petits hommes, le nom de leur maman. Je vous ai déjà dit qu'elle avait des procédés de vieux savant. En effet, la chose est délicate. Voici: elle a étudié le gazouillis de son enfant et le lui répète afin de lui apprendre à redire ce que dit sa maman. Ceci fait, un beau jour, elle se met à lui dire des mots dont il n'a pas coutume, et parce qu'il a pris l'habitude de suivre sa mère, il en vient à répéter, bien qu'il soit maladroit, les beaux mots difficiles. Bien entendu, elle lui apprend d'abord à dire: Maman! C'est plus long qu'on ne le pense, car il faut lui faire comprendre qu'il y a une association entre la personne et le mot qu'elle prononce. Et puis, il faut un peu corriger sa prononciation, qui est d'abord très ridicule.

Finalement, le mot devient quelque chose de drôle et qui est informe, mais qui ressemble un peu aux élucubrations malhabiles des trop simples cerveaux. Cela fait: Baba ou mama, on ne sait pas bien, parce que c'est inarticulé. C'est tout d'un bloc, et c'est un peu lourd, comme un petit pâté de sable, mais c'est gracieux quand même, puisque c'est l'œuvre d'un enfant.

Parfois un beau sculpteur, ayant travaillé tout un jour à façonner le buste d'un homme qu'il aime, s'interrompt. Il connaît son ami, et maintenant, il regarde son ouvrage. Les yeux contiennent un peu de cet enthousiasme qu'ils doivent contenir, les ailes du nez vibrent d'une vie énorme comme deux choses légères, la bouche a déjà cette forme nette et simple des bonnes bouches à tendresse, mais surtout la tête se tient droite et modestement, parce qu'elle est pleine d'idées honnêtes, et pleine d'amour et pleine de travail. Alors, content de lui-même, l'artiste ferme les yeux pour mieux voir ce qui lui reste encore à faire, et dans son cerveau voici naître, détaillée, précieuse en sa belle ligne, achevée comme il l'ébaucha, l'image souriante de son ami bien-aimé. Bonheur: c'est un instant fugitif que savoura Dieu lorsque, avant de créer le monde, il le connaissait déjà.

Les mères des petits enfants sont pareilles à ce beau sculpteur. Elles s'arrêtent un jour après avoir marché et se tournent en arrière pour sourire au chemin parcouru. Là-bas, c'est l'origine. Petit morceau de chaos, l'enfant vagissait parce qu'une bête crie quand elle a faim. Il vivait collé au sein de sa mère, il aspirait sa substance, longuement, comme pour se pénétrer de sa vie. Il ne savait rien, il fermait les yeux, il crispait les poings. Il était une petite boule de chair grossière et geignante. Peu à peu sa mère le pétrit. Elle lui apprend à voir, elle donne à ses yeux un regard et à ses lèvres un sourire. Elle dirige ses sens, elle les conduit comme un berger conduit un troupeau désordonné dans la grande prairie où l'on pâture. Il apprend à mieux téter. Il savait voir, maintenant il sait regarder. Il en vient à savoir gazouiller. Il touche aux choses de la vie avec des doigts futiles qui ne peuvent pas apprécier mais qui peuvent déjà caresser. Bientôt enfin il sait parler. Paroles: communications avec les autres, oh! paroles, vous venez d'un cerveau, vous vibrez dans l'air, vous passez et vous allez dans un autre cerveau. C'est un lien entre deux âmes. Je vous parle parce que je pense à vous, et parce que je veux mettre un peu de mon âme en la vôtre. Jusqu'ici, pour montrer qu'il pensait à sa mère, l'enfant n'avait que ses yeux et que ses mains: regards et caresses. Maintenant, il parle, et c'est charmant. Ce mot de maman habite en son cœur comme un petit oiseau, et parfois il vient se poser sur ses lèvres: il frétille, il s'élance, et il s'en va jusqu'au cœur de la mère.

Voici donc ce qui est fait. Alors, comme je vous l'ai dit, pareille au sculpteur, la mère ferme les yeux pour mieux voir ce qui lui reste encore à faire. Il lui reste encore à faire un homme avec un petit enfant d'un an. Pour cela, d'abord elle va le dégager d'elle-même en le sevrant. Il faut mettre les petits enfants en liberté comme les petits chevreaux pour qu'ils puissent cabrioler parmi les choses et brouter les feuillages et boire les ruisseaux. Donc les mères leur apprennent à marcher. Ensuite on les envoie à l'école pour y connaître des livres pleins de science qui donnent des idées utiles. Or il a douze ans: il est un grand garçon qui vient d'être reçu le premier au certificat d'études primaires, et qui va toujours en classe pour se perfectionner. Il lui semble qu'elle le voit descendre avec ses cahiers sous le bras. Il a une grosse tête comme les enfants très intelligents, des yeux qui brillent et qui regardent avec tant d'attention que non seulement l'on dirait qu'ils regardent mais encore qu'ils écoutent; il a aussi le front clair et dégagé, mais il a surtout une bouche naïve et confiante qui s'entr'ouvre et qui semble s'entr'ouvrir à la vie. A ce moment, les enseignements de la mère vont cesser. L'enfant est en route pour sa destinée: il n'y a plus qu'à le laisser marcher. Elle voit cela dans l'avenir comme un beau résultat, si beau qu'il l'emplit de clarté et qu'il lui donne du courage pour son travail d'éducation quotidienne. Chantez, joli cœur de la mère, comme un oiseau perché sur une branche, le clair avenir qui s'étend de vos yeux, qui coule, qui brille, et qui est un ruisseau s'en allant à la rivière!

Elle va sevrer son enfant. L'enfant qui tette est bien faible. Il est trop délicat pour boire aux sources de la nature, car la vie est faite pour les hommes et nous offre de gros aliments. Ces aliments, la mère doit les absorber et en extraire quelques aliments simples qui formeront un lait substantiel. Il tettera le lait blanc qui dans son corps s'épandra, afin de s'associer à sa chair molle. Vous voyez bien que si la vie est faite pour les hommes, du moins elle sait ménager les petits enfants.

Mais il faut le sevrer, et c'est un terrible drame: celui qui vivait du lait de sa mère était heureux de sa douceur. Blanc, simple et pur, semblable à une caresse, le lait que l'on tette vient en nous, issu de la source de toutes les bontés. Nous sevrer, c'est déjà commencer à nous faire quitter notre mère. C'est aussi commencer à nous jeter dans la vie. Oh! le savez-vous, cette habitude que nous abandonnons, comme elle était délicieuse! Il y a des hommes qui pleurent lorsque leur maîtresse les a quittés parce qu'ils ne retrouveront plus, le soir, en rentrant dans leur chambre, ses bras ouverts et ses lèvres tendues qui avaient ce goût rouge des grands baisers d'amour. Et toi, tu pleures, mon petit enfant, tu pleures pendant des jours, et tu ne veux rien voir, et tu ne veux rien entendre, et tu fermes les yeux, et tu te crispes. Tu as une grande douleur, et qui te met en colère. Mais il le faut, vois-tu. Ta mère voudrait bien céder à ton envie. Non. Il faut que l'on te sèvre. Tu pleures, petit, mais sache donc que si l'on fait cela, c'est pour ton bien. Et pendant huit jours, tout hébété, secoué de sanglots, tu bouderas, tu ne voudras plus rien comprendre aux choses de ce monde.

Maman perdait la tête parce que c'était une douleur sans trêve. Je me réveillais la nuit pour pleurer. Elle avait pourtant deviné le bon remède: me montrer des spectacles brillants. Le cœur d'une mère est comme un gros volume de science: un gros volume de médecine simple et naturiste. Elle pensait: Je vais lui faire voir que la vie est belle et il connaîtra alors qu'il y a d'autres bonheurs que de téter sa mère. Son chagrin s'apaisera, sa douleur sera calmée, et j'apercevrai bientôt trois petits bonheurs dans ses yeux, dans sa chair et dans son cœur. Petit bonheur dans ses yeux: un jour, elle acheta des images de soldats. Elle les étala devant moi, et sans doute il y avait des fantassins bleus et rouges, officiers et soldats, des cuirassiers aux cuirasses éclatantes et des dragons pleins de bottes. Elle disait: Vois-tu, le monde est habité par de beaux militaires, et c'est charmant. Ils sont tout couturés d'or, ils sont beaux comme les beaux oiseaux aux plumes de couleur, et ils paradent. Je ne comprenais pas. Mais les uniformes militaires sont à la portée du cerveau des enfants. Et ceux-ci me plaisaient parce qu'ils étaient gais et criards. On voit ainsi un amant désolé oublier au milieu des tapages l'image pénétrante de Celle qui le quitta.

Alors je m'habituai à vivre en mangeant de la soupe. Petit bonheur dans sa chair, pensait maman. C'était surtout de la soupe mitonnée dans laquelle le pain devient doux, liquide et glissant. Il y avait aussi de la bouillie nourrissante et délicate. Je connus donc les aliments, et bientôt, je leur trouvai une grande douceur.

Une nouvelle phase de mon existence commençait: on m'apprit à nommer les objets en même temps qu'à marcher. Vocabulaire enfantin! Mots des petites bouches maladroites! Ça n'a pas forme humaine. C'est d'un imprévu ravissant. Il prononce à sa façon, et sa façon est de dire simplement les choses, comme elles lui viennent. Il y avait des choses que j'appelais: *Bu*, d'autres que j'appelais: *Ba*, d'autres encore que j'appelais: *Poum!* J'étais bien calmé maintenant. La bonne soupe mitonnée me faisait une chair plus ferme et dans laquelle mon cœur vivait. Petit bonheur dans son cœur, pensait maman. On le voyait bien, dans mes yeux brillants et dans mes mains qui touchaient à tout. On le comprenait surtout parce que mon intelligence éveillée s'emplissait de science. Ah! il ne faut pas longtemps pour consoler un enfant! Et le moyen, c'est de lui faire connaître plus intimement le monde. Le monde, fleuri comme un jardin, est plein de bruit, et puis des bêtes l'habitent qui sont simples et bonnes. Les enfants aiment les bêtes. Je vais vous dire pourquoi: les bêtes ont un cerveau ignorant et naïf, de sorte que les petits enfants les aiment parce qu'ils sentent qu'elles leur ressemblent.

Il y a l'âne aux grandes oreilles qui bougent. Il y a le bœuf et la vache qui sont si pacifiques que l'on dirait que le bœuf est le mari et que la vache est la femme. Il y a les bons moutons couverts de laine. Il y a les poules qui sont un peu folles. Mais il y a surtout les petits veaux que l'on aime parce qu'ils sont des enfants. On m'apprit à les connaître. Lorsqu'on sait imiter les bêtes, on les connaît bien mieux.

—Comment fait le petit l'âne?—Hi han!

—Le petit veau?—Meu eu eu...

—La poule?—Kate kadette!

Ainsi je reconnaissais les objets pour les avoir vus et pour les avoir touchés. Je mangeais des aliments solides. Je connaissais des soldats. J'imitais les animaux. Je percevais toutes sortes de choses dans la vie. J'avais quinze mois et j'étais fort. Et donc, attiré par ce qui m'entourait, je devais marcher. Il y eut bien des essais auparavant, mais il leur manquait le désir ou la volonté sans quoi rien ne se fait.

Cela se fit un matin, dans la boutique de mon père, pendant que maman épluchait des pommes de terre. On m'avait assis par terre et je regardais autour de moi. Les épluchures en spirale se balançaient autour du couteau de maman et formaient un spectacle attachant. Alors je fus debout, et me voici, marchant vers les épluchures, parce qu'elles représentaient quelque chose de la Vie qui me tentait et parce que j'étais déjà un homme qui veut conquérir ce qu'il désire.

Messieurs et mesdames, vous ne savez pas, mon petit garçon, eh bien! il marche tout seul! Ça lui a pris l'autre jour pendant que j'épluchais des pommes de terre. Il était assis. Il s'est levé et il est venu à moi. J'ai cru que mon cœur était du soleil, tant je sentais de bonheur. Messieurs et mesdames, mon petit enfant est un homme, et j'en suis fière. Voyez-vous, j'ai travaillé pendant longtemps et j'ai bien fait. J'ai travaillé le jour et la nuit. Le jour, je prenais son âme en ma main pour la pétrir, et la nuit, je le consolais si quelque chose de noir le faisait pleurer. Messieurs et mesdames, il marche tout seul maintenant. Il se dresse sur ses jambes, il se remue, et le voilà parti. Il s'en va vers tout ce qui l'entoure. Il marche au milieu du monde, gravement. C'est ainsi, je pense, qu'en arrivant au Paradis, les bienheureux, parmi les parterres se promènent, regardent, touchent aux fleurs pour ce divin plaisir de se sentir exister dans un lieu clair où c'est jour de fête avec des bouquets.

CHAPITRE DEUXIÈME

J'ai bien mal parlé de toi, ma bonne maman. Il me semble qu'on doit le sentir. J'ai parlé des mères ordinaires qui sont des femmes merveilleuses, avec des mains pour les langes, mais j'ai mal parlé de toi, ma bonne mère au bonnet blanc, qui vivais auprès de moi comme auprès de quelque chose d'essentiel. Il n'y a pas assez de bonheur dans mes phrases, pas assez de piété dans mes sentiments. Y a-t-il même assez de bonté pour plaire à ton cœur? Oh! maman, je voudrais mettre ici des mots blancs comme ton bonnet, des idées pures comme ton front, des émotions simples comme ton corsage et l'image d'une vie de travail qui fît penser à ton tablier bleu! Je voudrais surtout qu'il y eût tout plein d'amour pour toi afin que chacun dise:

—Sa mère était si bonne qu'il l'aimait par-dessus tout au monde.

Ceci, je voudrais que chacun le dise. Mais je voudrais encore que tu penses:

—Mon fils est un bon fils qui m'aime et qui parle de moi.

Et ce livre, maman, je l'écris pour que tes mains le touchent, pour que tes yeux le lisent, et pour qu'il plaise à ton cœur.

Lorsque j'avais deux ans, maman, tu étais forte comme une force de Dieu, tu étais belle de toutes sortes de beautés naturelles, tu étais douce et claire comme une eau courante. Tu étais pour moi la plus complète représentation du monde. Je te vois et je te sens. Tu ressembles à la terre facile et calme de chez nous qui s'en va, coteaux et vallons, avec des champs et des prés de verdure. Tu prends ton enfant sur ton sein, tu le caresses, tu es bienfaisante, et c'est bon comme lorsqu'un homme, un dimanche soir d'été, se couche à l'ombre d'un chêne. Il m'est impossible d'imaginer le monde sans toi. Tu es le ciel qui s'étend au-dessus de nous, frère bleu de la plaine. Tu es là, autour de mon cœur, avec un amour également bleu et qui va plus loin que l'horizon. Je pense que la vie est heureuse et légère, qui met auprès de nous une mère attentive. Une mère attentive qui nous regarde, une mère délicate qui nous sourit, une mère forte qui nous prend par la main. Je pensais à bien d'autres choses encore, que je ne sais plus. Tu étais surtout, maman, un large fleuve tranquille qui se promène entre deux rives de feuillages, sous des cieux calmés. J'étais une barque neuve qui s'abandonne au beau fleuve et qui a l'air de lui dire: Emmène-moi, beau fleuve, où tu voudras. J'ai mis ma vie sur la tienne parce que je sais que tu connais de beaux pays où l'on se trouve heureux. Et tel j'allais. Et je voyais le monde en passant parce qu'il se mirait dans ton sein.

Maman, je te regarde avec attention. Comme on le dit dans nos pays, mes yeux s'ouvrent comme des portes de grange. C'est pour laisser passer ton image, semblable au chariot de foin qui nourrira les excellentes bêtes de l'étable. Tu entres en moi avec ton visage, tes vêtements et tes gestes, et tu t'y installes à jamais, et tu es chez toi, dans une maison que tu ordonnas. On y voit ton bonnet blanc qui te coiffe, comme un toit modeste la maison d'un bon homme, ton corsage noir où des aiguilles sont piquées, ton tablier bleu, de travail et de simplicité. On y voit tes jupes aussi, tes pauvres jupes couleur des choses et qui ne craignent pas la poussière. Voilà, maman, et je comprends que si tu n'es pas parée, c'est parce que la vie des femmes se compose de besognes plutôt que de toilettes. Je comprends, c'est-à-dire que j'amasse les éléments qui aujourd'hui me font comprendre. Et je me dis encore que le costume que tu portes, c'est l'uniforme des mères.

Maman! Tu marches au milieu des choses. Je vois des objets que tu ranges, d'autres que tu époussètes et des meubles dont tu prends soin. Je ne comprends pas bien ce que cela signifie, mais je comprends que c'est une tâche importante et difficile. Rangements, soins domestiques, simples besognes de nos mères, de l'aube au soir c'est vous dans la maison! Vous passez sur la cheminée, sur les meubles et partout, vous accompagnez maman comme une qualité nous accompagne. Vous établissez une harmonie claire entre les chaises, la table, les lits, l'armoire, simples choses, et qui est si belle que l'on ne concevrait pas qu'il en fût une autre. Oh! ne croyez-vous pas que c'est comme ceci, la place de nos meubles, et qu'un rien troublerait leur harmonie comme un rien troublerait l'harmonie de l'Univers. N'est-ce pas, il y a le Bon Dieu du monde, mais une mère, c'est le Bon Dieu de la maison.

Mais surtout, maman, tu étais ma citadelle. Magnifique et calme tu te tiens debout sur la colline et ton enfant n'a pas peur lorsqu'il va dans la vallée. Pourtant tu n'es pas une forteresse aux grands murs et compliquée pour la défense, non, et tu n'as pas cet air grondant des remparts pleins de canons. Mais tu te dresses sur la colline, robuste et grave comme un guerrier, et assurée. L'on voit que tu es là et l'on se dit: C'est là-haut celle qui domine la campagne et qui garde son petit contre les méchants. Je me rappelle encore qu'il y a dans notre église un grand saint Georges à l'épée auprès d'une petite cathédrale. Il me semble que tu portes dans tes mains la forte épée du grand saint. Et moi, cathédrale, je laisse chanter les petits Jésus de mon cœur: le mal ne peut pas venir lorsque veille le grand saint Georges.

J'avais deux ans et demi, maman. C'est l'âge essentiellement clair où les petits enfants se promènent dans la vie avec des lueurs. Ils ont de jolis désirs qui les emportent comme des feux follets dans la plaine. Ils courent sans savoir pourquoi auprès des gens et des voitures, ils s'arrêtent capricieusement, non pas parce qu'ils sont fatigués, mais parce qu'il faut bien s'arrêter quelque part. Vois-tu, maman, ils sont sauvages. Sauvages, ô petits sauvages, vous êtes bien doux aussi et vous vous arrêtez comme les feux follets au pied des croix pour vous prosterner aux pieds de Dieu. Vous accourez vers votre mère, vous mettez la tête dans ses jupes et, fermant les yeux, vous vous sentez tout couverts de tendresse. Un enfant de deux ans et demi est fait avec du mouvement, des rires et de l'amour.

Il s'éveille à sept heures du matin. Il semble venir de très loin et cela fait penser que la nuit est une vieille femme qui, chaque soir, engloutit les petits enfants. Mais lorsque son âme mobile revient à la vie, bien vite elle s'harmonise avec le soleil rajeuni. Il ignore que l'on peut vivre de beaux instants, assis ou couché, à condition de penser à des choses. La vie consiste à jouer des pieds et des mains dans la maison, dans la rue ou dans les champs. C'est aussi ce que croient les animaux, et ils n'ont pas tout à fait tort, car Dieu nous a mis au monde pour que nous nous servions le plus possible de notre corps. Il veut se lever tout de suite, afin de ne pas perdre de temps. Maman, il faut te dépêcher: ton enfant, assis sur sa couche, n'est pas très patient. Tu n'avais pas encore remarqué que les enfants sont égoïstes, qui dérangent leurs mères des besognes importantes du ménage.

Il est levé: regardez-le. Sa grande chemise de nuit comme une tunique est décorative, mais il n'en a souci: il s'élance et bat le sol de ses pieds nus tandis que sa traîne le suit en balayant la maison: Petit fou, tu vas t'enrhumer. Sa mère court après lui, le saisit par un bras, l'entraîne, l'asseoit sur ses genoux, et il remue encore. Vous qui croyez à des nécessités, vous mettez gravement vos bas, sachant que pour vivre il faut avoir des bas. Mais lui ne connaît rien que le mouvement qu'il veut se donner, et pendant que sa mère lui met ses bas, il remue les jambes impatiemment. Ceci veut dire: Ne vois-tu pas que tu m'ennuies: j'ai des bras et des jambes, c'est assez; or, mon désir m'appelle, et c'eût été un bel instant de ma vie celui que tu consacres à me mettre des bas.

Dans la bonté matinale, les jeux des enfants de deux ans et demi brillent au soleil. Ils sont faits avec des pâtés de sable si l'enfant est sage, et avec des promenades ou des pas de course quand il est agité. Leur mouvement se compose de gestes maladroits qui se mêlent et s'embrouillent comme les sentiments d'une âme indécise, mais il est plein de vie comme les désirs d'une âme naissante. Petits pâtés avec des petits seaux: c'est une occupation sérieuse pour laquelle on s'assied et qui contient un peu d'esthétique: une esthétique de petits pâtés. Promenades et pas de course: c'est une occupation glorieuse comme celle d'un Monsieur Va-t'en-guerre, qui vous remue et qui vous donne un air crâne parce que vous êtes un bel homme utilisant son corps. Ces spectacles laissent au cœur une grande clarté, et lorsqu'une mère se les rappelle elle se dit qu'alors il faisait un bien beau temps. Elles ont raison, les mères, car tout cela, c'est un seul sentiment de soleil, d'innocence et de bonté.

Puis il faut manger la soupe. La soupe aussi est embêtante, qui vient prendre les petits aux moments de leur joie pour leur rappeler qu'il y a des actions nécessaires. Comprenez-vous: au beau milieu d'un enthousiasme on redescend au terre à terre de la soupe quotidienne. Un beau matin, alors qu'il faisait une expérience de chimie, on rappela à l'illustre Monsieur Pasteur que ce jour même il avait promis de se marier. Le bon savant dut penser: Voilà qui est désagréable et je voudrais bien que le mariage n'eût jamais été inventé. Semblablement l'enfant se dit: Au diable la soupe et ceux qui ont imaginé de la manger! Il se met à la besogne pourtant. Les enfants gâtés, à deux ans et demi, ne savent pas manger seuls. Alors, comme les petits oiseaux, ils ouvrent le bec et leur mère y met la pâtée. Mais ce qui est facile pour les petits oiseaux attentifs ne l'est point pour les petits enfants joueurs. Continuellement occupés d'autres choses, ils regardent partout et leur tête suit leurs yeux, si bien qu'une mère doit prendre garde pour ne pas mettre la cuiller dans le nez, dans l'oreille ou dans les yeux, au lieu de la mettre dans la bouche remuante.

Tout n'est pas fini qu'il s'échappe déjà; oh! qu'il n'aille pas trop loin, avec sa pauvre ignorance, au milieu de notre monde compliqué. Il y a des choses dangereuses: des voitures et des cailloux, des voitures aux roues méchantes et des cailloux qui vous attirent pour vous faire tomber. Et puis, le plus petit trou d'eau est un endroit de mort qui attend sa victime. Car la rue, comme une créature mauvaise, fait du mal aux petits enfants. Reste devant chez nous, auprès de moi, répète la mère. Elle est une gardienne. Maman, je l'ai dit, tu étais ma citadelle. Je ne voulais pas m'éloigner non plus, à cause de différentes peurs que j'avais. A deux ans et demi, je craignais les chats. Ils ne sont pas rassurants, eux qui sont pleins de mouvements vifs, et dont les dents et les griffes contiennent une méchanceté diabolique. Que l'un d'eux s'approche, j'accours vers maman sans lui avouer mes craintes, car nous avons notre fierté, et là, auprès des bonnes jupes, je sens qu'une main s'étend au-dessus de ma tête, qui repousse les dangers. Je n'étais pas bien tranquille non plus lorsque des mendiants passaient avec de grands sacs où il y a place pour les enfants déplaisants.

Tant d'hommes ont des intentions que l'on ne connaît pas. Visages enfermés dans des barbes épaisses, j'en voyais quelques-uns qui auraient pu me prendre et m'emporter je ne sais où. Parfois maman leur disait: Emmenez-le donc, vous me débarrasserez, mais je vous réponds que vous ne ferez pas une bonne acquisition. Je riais à moitié pour faire comme elle, mais je tremblais à moitié aussi parce qu'on ne sait pas ce qui peut arriver.

Je n'ai jamais été brave, ayant possédé toujours une grande imagination. C'est qu'en effet l'imagination nous montre la vie, de cieux, de femmes et de douleurs parée, qui nous font sentir la mort comme une caverne noire sans femmes et pleine d'oublis. On hésite à s'aventurer sur son chemin. Ainsi n'étaient point mes réflexions de petit enfant, mais je songeais pourtant à des supplices d'oreilles et de nez coupés, d'yeux crevés, de langues arrachées, à des captivités dans des armoires ou dans des sacs et à des bêtes féroces qui vous mordent pendant des années. Je me disais: Il faut te méfier. Les événements nous guettent, et quelque chose peut venir te prendre par le bras pour te conduire quelque part où tu serais très mal. Ne t'éloigne pas trop de ta mère qui saura te défendre.

Quand midi sonnait, heure de l'appétit, je ne me laissais pas appeler deux fois à déjeuner. Les bons exercices matinaux sur qui passe l'air frais des villages emplissent le corps de santé. J'ai faim, maintenant. Nous n'avons pas de grande chaise pour enfant, me voilà sur une chaise ordinaire et la table me vient au menton. Cela ne fait rien, puisqu'il s'agit de manger et non pas d'être à son aise. Et puis il ne disconvient pas qu'un objet manque dans une maison lorsque son absence nous apprend à nous gêner un peu. Mon père disait: Vois donc, il a l'air d'une petite grenouille qui sort la tête de l'eau. Tant pis, la petite grenouille est pleine d'appétit et il faut voir la joie de maman. Elle me met les bouchées dans la bouche et l'une suit l'autre. Elle pense: C'est bien heureux, et ce soir il aura de la force pour jouer et courir. Elle m'encourage: mange, mon petit, tu deviendras bien grand.

Mais après le repas je suis alourdi. On comprend alors combien est faible l'énergie d'un enfant. Il n'y a pas longtemps vous aviez devant vous un petit garçon éveillé qui tournait autour de vos jambes pour qu'à ses jeux vous joigniez les vôtres. Regardez-le maintenant, sur les genoux de sa mère, las et empâté, qui s'endort. Maman écarte ses ailes qui me couvent et agrandit son cœur qui s'apitoie. Elle m'aime davantage à me savoir fragile et lorsqu'elle me porte au lit, c'est en silence, avec une âme qui me protège, qui me sourit et qui tremble.

A trois heures, je m'éveille. L'après-midi s'étend sous le ciel calme et les heures se suivent, égales et glissantes, comme de belles personnes dorées. On les voit passer dans la rue et s'asseoir et s'avancer avec l'ombre. Tout est doux, et je vais jouer encore. Mon père fait des sabots et son bruit nous donne du courage. Maman coud sur notre seuil, bonne et appliquée. Je suis auprès d'elle avec deux petits pieds qui marchent et deux grands yeux qui regardent. Ils sont clairs ces soirs de mon village et me donnent un enseignement simple de la vie. Les bêtes, les voitures et les gens passent. Vous, chiens flâneurs, vous faites les quatre coins de la rue en inspectant les tas d'ordure comme des agents de la voirie. Vous m'inquiétez un peu, mais je pense qu'au fond, vous êtes des bêtes pacifiques qui ne pensent qu'à manger. Il y a les vaches aux grands pas solides qui marchent sans faire de manières. Les chevaux que l'on emmène chez le maréchal ferrant ont quatre jambes qui sautent. Mais j'aime surtout les petits cochons roses, parce qu'ils ont l'air d'être en jambon.

Il y a aussi les voitures à âne sur lesquelles sont assises une femme et une petite fille, et qui montent la côte si lentement qu'elles doivent s'ennuyer. Maman me surveille et craint que je n'aille me fourrer sous les roues. Mais il y a les voitures à cheval qui vont très vite et l'on comprend à leurs grelots que quelque chose d'important va passer. Alors maman a peur et m'appelle. Méfiez-vous, petits enfants, des voitures orgueilleuses, car elles vous feraient du mal pour montrer qu'elles en ont le pouvoir.

Et puis, j'ai des amis. Avec son grand tablier de cuir, son chapeau affalé et sa pomme d'Adam comme une pomme qu'il ne peut avaler, c'est Limousin le charron, qui se dandine et se balance. Il me fait rire, lorsqu'il se campe et, de sa voix qui lui passe par le nez: «Tu n'as pas l'air de t'ennuyer.» Il est grave, drôle et profond et l'on dirait Polichinelle énonçant une vérité. Je le vois marcher: ses bras écartés tiennent la largeur de la rue et ses grandes jambes sont cotonneuses et ses grands pas sont très lents.

Voici le vieil épicier aux lunettes et sa voiture à bâche et son âne blanc. Il sort sa tête de sous sa bâche et me regarde avec des yeux si familiers que je l'appelle mon oncle Charles. Il est un bon vieil épicier joyeux qui vend de l'huile et du chocolat dans la campagne et qui chemine doucement, parce qu'il ne désire rien. Je l'aime comme il faut aimer ceux qui conservent une voix gaie pour les petits enfants.

Mais au-dessus de tous, le maréchal ferrant est bon comme un grand-père. Lui, c'est mon vieux, et sa femme, c'est ma vieille, l'un avec sa grande barbe blanche et l'autre avec un bonnet sur sa tête riante. Ils habitent une maison noire et une forge calme où la soirée s'arrête et s'amuse comme une personne qui donne des coups de marteau sur une enclume. Que j'ai passé d'heures à leurs côtés! Mon vieux m'apprend deux ou trois choses réjouissantes qu'il connaît. D'abord, il m'enseigne des plaisanteries sur moi-même par lesquelles j'apprends qu'il fait bon vivre et se soigner. Il m'agace si je mange et me dit: «Ton ventre, c'est un bienheureux», ou bien: «As-tu fini de manger les confitures? Il faut te dépêcher. J'ai vu un chat qui rôde autour de la maison, et les chats sont des voleurs.» Je n'y crois pas beaucoup, mais l'amour des confitures et la peur des chats se combinent et me poussent vers maman. Elle me rassure: «Mais non, mon petit. Je suis à côté d'elles, avec un bâton pour les défendre, et quand le chat viendra, je le tuerai.—Oui, maman.» Il faut de grands châtiments pour les grands crimes, et je ne sais pas que la vie d'un chat vaut mieux qu'un peu de friandise. Je reviens trouver mon vieux: Ça n'est pas vrai. Petite confiance trompée, mon vieux en est ému. Alors il me saisit à pleins bras, puis avec sa bouche et sa barbe, il me baise à grands coups. Et sa bouche est molle et chaude, et sa barbe, comme les choses qui ont beaucoup vécu, est pleine de douceur.

C'est ainsi que les joies et les jours s'accompagnent et qu'un bonheur est dans la maison des miens. L'on s'asseoit, l'on se repose et l'on songe: notre petit garçon commence à se débourrer. Il marche couramment, il parle, il connaît des jeux et il comprend des histoires. Le monde lui entre dans les yeux et dans les oreilles. Il va dans la rue, devant notre maison et, comme une poule picore entre tous les pavés, il s'arrête et cueille quelque sensation des choses. La Vie l'entoure lorsqu'il se promène. Nous n'avons plus qu'à le laisser pousser. L'eau, le soleil et la terre le feront fleurir, puis il aura des fruits, car les hommes sont pareils aux arbres et portent des fruits qu'une créature de Dieu vient ramasser, afin d'assimiler un peu de leur substance.

Bons parents, ne vous endormez pas. Voici ce qui arriva au petit Auguste. Le petit Auguste avait trois ans et vivait en face de notre maison, chez ses parents, une vie délicate d'enfant malade. C'était une maladie de cœur qui le faisait pâle et bon. Il ne se promenait pas beaucoup dans la rue et ne courait pas et ne criait pas non plus, mais on le voyait auprès de sa mère, d'un air triste. On voudrait toujours les embrasser, ces enfants malades, et le petit Auguste plus que les autres, parce que le médecin avait dit qu'il était bien fragile. Ses parents le soignaient avec toutes sortes de précautions. Mais la Nature se rit de nous et nous en prépare un nouveau, lorsqu'elle nous désigne un danger.

Nous étions deux amis. Il mettait de l'animation dans ses manières et je mettais de la douceur dans les miennes. Il faut se promener quelquefois, alors je ralentissais mes pas pour ne pas le fatiguer pendant qu'il précipitait les siens pour ne pas me faire perdre de temps. Nous ne causions guère, mais chacun de nous était heureux d'être en face des événements accompagné d'un petit garçon de son âge.

Or il y avait une cave dans une ruelle voisine et dans cette cave était une fontaine où les femmes parfois lavaient leur linge. Il y venait un peu de lumière et c'était assez.

Un jour le petit Auguste dit:

—Ma maman est à la cave.

Nous partîmes. La cave nous attirait comme un beau spectacle. Maman du petit Auguste, je connais deux petits garçons qui seront contents de vous voir. Nous arrivons. La cave est toute noire. Nous marchons. Nous ne savions pas, nous, qu'il ne faut pas marcher dans l'ombre. Deux enfants sont là. Soudain le petit Auguste tombe dans la fontaine. Je le suivis, mais j'eus le temps de me raccrocher aux parois. C'était un vieux bassin maçonné où quelques pierres tombées formaient une fissure dans laquelle je pus mettre mes pieds, tandis que mes coudes s'appuyaient au sol. Tout cela s'accomplit comme un coup de tonnerre. L'ombre, l'eau, l'ignorance, la faiblesse et la peur se tenaient à mes côtés ainsi que des êtres noirs et me faisaient du mal. Je criais. Toute mon énergie était dans ma voix. Je criais pour appeler, mais aussi pour oublier un peu. Entre deux cris j'avais le temps de penser et c'était affreux. On ne sait pas comment est fait le danger lorsqu'on a trois ans. Je pensais: Dans la fontaine habite un ours. Le petit Auguste est tombé, l'ours l'a mangé. Si je tombe à mon tour, l'ours me mangera. Je sentais au-dessous de moi quelque chose de noir qui était une tanière et dans laquelle s'accomplissait un drame. Il y avait de la mort, de la nuit, mais surtout il y avait de la souffrance. Il semblait qu'on me tirât par les pieds pour m'y mêler. Alors je criais sans cesse. Contre le danger, mes cris étaient ma seule arme et j'en usais, à la briser. Je criais avec toutes les forces de mon corps. Comme un homme combat pour ne pas mourir, je criais avec mes pieds, avec mes bras, avec ma tête, avec ma voix.

Enfin mes cris furent entendus. Maman accourut, comme accourent les mères, mettant de l'énergie à courir autant que j'en mettais à crier. Qu'est-ce qu'il y a, mon Dieu, qu'est-ce qu'il y a? Il y avait son petit enfant qui était tombé dans une fontaine et qui allait bientôt mourir. Il était là si faible, cramponné aux parois, au-dessus de la mort. C'est un grand malheur, mon Dieu. Elle me saisit, et toute tremblante encore, elle se prend à crier. Le petit Auguste, dans l'eau, elle n'avait pas la force de le chercher. Elle crie. Les pauvres femmes des villages qui n'ont jamais rien vu, plient sous la main de Dieu et attendent, en pleurant, la fin de leurs malheurs. Les voisins arrivent. Voici la maman du petit Auguste. On le retire. Elle le prend, elle court, elle est folle. Petit Auguste et sa maman: on le couche tout blanc dans son lit et sa mère est debout qui ne sait plus rien faire parce que son enfant ne peut pas s'éveiller.

Le médecin ne le ramena pas à la vie. Dieu est un trompeur. Voyez-vous ce petit Auguste, il le pétrit avec une chair blanche et lui donne un cœur malade pour que sa mère lui fasse prendre des médicaments. Elle ne craint plus rien lorsqu'il a bu ses potions. Et un jour, alors qu'on l'a soigné et qu'on espère, Dieu met la mort dans une fontaine pour attirer le petit enfant. La mère reste seule et toute la vie elle pleure en disant:

—Je lui faisais prendre des remèdes. Il aurait fallu simplement fermer la porte de la cave. Mon Dieu, mon Dieu, si j'avais su...

CHAPITRE TROISIÈME

J'eus cinq ans, et ma mère m'envoyait à l'école. Maman est une femme savante et expérimentée qui sait que les petits enfants doivent aller à l'école. Il y a des enseignements chez les hommes qu'il faut connaître, comme la lecture, l'écriture, savoir vivre en compagnie d'autres enfants, et tout cela est nécessaire pour donner un cerveau qui conçoive avec un cœur qui comprenne. Maman connaît les nécessités. La vie est formée par des travaux de commerce et d'industrie qui prennent les hommes et les font participer à son harmonie. Maman le croit bien humblement, dans son cerveau de bonne femme, et elle m'envoie à l'école sans phrases, car j'accomplis une action indispensable comme boire ou manger. J'ai cinq ans et je passe mes journées loin d'elle, mais elle se dit: Il faut que mon enfant soit instruit de toutes les choses humaines.

Aller à l'école! Un petit garçon de cinq ans est encore chancelant sur le chemin de l'école. Il peut tomber, car le voyage est long, ou bien se perdre, car en bas de la place il y a quatre rues et l'on oublie quelle est la bonne. Quant à m'accompagner maman n'en a pas le temps. Alors elle me confie à Pierre, le fils du charron, qui a douze ans et qui sait comment on doit se conduire dans la rue.

Aller à l'école! C'est une promenade très gaie. Pierre me porte sur son dos et court. Je suis là, cavalier au galop, presque aussi bien que sur un vrai cheval. Tout défile autour de moi, et je respire un grand air, comme s'il y avait du vent. Bien vite, j'en pris l'habitude, et je disais à Pierre, avec mes idées sur le dos humain: Pierre, porte-moi donc sur tes deux reins.

D'autres fois, Pierre me donnait la main. Maman nous regarde descendre, et je suis un bonhomme en culotte avec une main captive, mais avec une allure indépendante. Pierre fait l'imbécile pour me taquiner. Le voici qui ferme les yeux: c'est un aveugle que je dirige. Je suis fier qu'une responsabilité m'incombe de le conduire loin des accidents, mais au fond je suis inquiet parce que je ne m'en sens pas bien la capacité. Pierre est un malin qui, lorsque les voitures vont vite, sait se garer, mais qui, lorsqu'elles passent avec une lenteur d'âne, fait semblant d'être entraîné vers elles. Je le tire par la main, je m'impatiente, je crie et je supplie: Pierre, fais donc attention, tu vas te faire écraser par la voiture de mon oncle Charles.

Et les jeux dans la cour! Maman ouvre la porte de la boutique, d'où l'on entend au loin des cris d'enfants qui se combinent pour faire un grand tapage. Ce tapage est de la vie et de la joie. Elle pense: Mon petit s'amuse et je suis contente. Les jeux du matin donnent une bonne santé, et une bonne santé c'est une des meilleures choses de ce monde.

Et il y avait une science utile et simple que nous enseignaient des instituteurs. Ils nous l'enseignaient avec leurs cerveaux de fils d'hommes des champs et la rendaient grosse et sans élégance comme leurs noms: Pinel, Aubel, Lorcerie, Chavarot. Ils m'apprirent à faire des bâtons, à épeler les lettres et à compter sur le boulier compteur. Faire des bâtons est une occupation très amusante, grâce à laquelle on se sert de porte-plume et d'encre pour griffonner sur un cahier. Je finis par acquérir de l'adresse: mes mains et mon cerveau se plièrent comme une plante à l'ombre se plie et va vers le soleil.

A quatre heures un quart, je rentre à la maison. J'ouvre la porte: Bonjour, maman! Elle est assise, je l'embrasse et nous nous regardons longtemps pour rattraper le temps perdu. Tout de suite, je lui raconte mes histoires. Histoires de cinq ans, petits faits d'un sou, l'on vous écoute en souriant parce que vous n'êtes pas dangereuses. Vous renfermez un joli sens, et qui montre que je regarde les choses et que je les apprécie. Il faut respecter les convenances, il faut accomplir ses devoirs, je sais cela et je m'en forme une loi morale qui sera mon guide.

Georges, le fils du conducteur des Ponts et Chaussées, qui porte encore des robes, a laissé sur le banc s'échapper une chose malpropre. C'est très laid, à son âge. Je le dis à maman. Elle raisonne avec moi, avec les mots mêmes dont je me sers, pour se mettre à la portée de mon cerveau. C'est très laid, mon petit, il aurait dû demander à sortir, et l'on aura raison de le punir. A sa place, j'aurais bien honte.

Simon, le fils du cordonnier, ne voulait pas venir à l'école et son père a dû l'y emporter sur son dos. Et Simon criait comme un méchant. Alors maman dit: Il n'apprendra jamais à lire, et plus tard, quand il sera grand, il sera un grand bêta.

Une autre fois, Simon a donné un coup de pied dans les jambes au petit Emile et lui a fait du mal; Simon est un gros brutal. Il aurait pu casser la jambe au petit Emile et on l'aurait conduit en prison.

Maman, pauvre bonne femme, tu ne sais pas que les prisons sont un mauvais châtiment. Tu en parles, avec tes idées de village, tu les crains et tu les respectes un peu comme on respecte la Justice. Maman, il faut craindre les mauvaises actions, plutôt que la prison. Tu ne sais pas que, pour avoir voulu faire le bien, il en est qui allèrent au bagne. Et puis, j'ai tort de dire ces choses parce que je n'aurais pas dû les comprendre. Et puis ne faut-il pas quelques épouvantails pour les petits enfants? Tu étais une bonne femme, maman, tu connaissais une étroite honnêteté et tu m'enseignas cette honnêteté qu'il y avait dans ton cœur.

Cinq ans, six ans et sept ans se suivent et se ressemblent. L'école, avec la naïveté, vous fait un esprit réfléchi, mais dont les réflexions sont drôles. Et le soir, auprès de sa mère, la vie d'un enfant s'exprime en petites paroles où l'on voit passer de bons sentiments. Cinq ans, six ans et sept ans, vous vous asseyez sur une chaise, au pied de l'horloge, vous regardez autour de vous, et le labeur de votre esprit ressemble au travail d'une ménagère qui prépare le repas à ceux de sa maison. Vous jouez aussi, mais pas trop loin de la porte, car il y a encore des accidents. Vous jouez à faire du bruit et à courir. Votre corps est plein de mouvement comme un corps heureux et vous en jouissez, au matin de votre âge, comme on jouit d'une chose neuve. Cinq ans, six ans et sept ans, vous mangez et vous dormez. Vous êtes la gaieté de la maison: un concert, un spectacle et une bénédiction. Vous vous éveillez le matin avec du bruit et vous vous endormez le soir, silencieusement, selon les rythmes. Vous êtes de la santé: des yeux qui brillent, des joues rondes et des membres agiles où la joie passe en entier. Enfin, vous êtes de la tendresse, un cœur et des lèvres, et puis vous avez une âme flexible que l'on prend à deux mains et que l'on redresse afin d'en faire l'âme pure et bonne d'un homme juste et généreux.

Cinq ans, six ans et sept ans, la joie...

Un jour de septembre, lorsque j'avais sept ans, j'eus mal aux dents. Mal aux dents, c'est triste. Cela prend les idées et les comprime jusqu'à ce qu'elles souffrent comme des bêtes et ne sachent plus que dire: J'ai mal aux dents. Maman faisait la lessive. Je rôdais autour d'elle, inquiet, je marchais en me plaignant. On dirait que nous promenons notre douleur afin de l'égarer, pour qu'elle se perde dans un coin et ne puisse plus nous retrouver. Maman s'interrompant me regardait avec de bons yeux. Les souffrances d'un enfant sont des souffrances imméritées. Le Destin martyrise quelqu'un qui se plie et qui pleure avec tant de faiblesse que l'on pense: Nature, tu es forte, mais tu es bien injuste. Maman m'embrassait: «Mon pauvre petit, tu as mal aux dents!»

Le lendemain, j'eus encore mal aux dents: Mon garçon nous la ferons arracher ce soir. Le médecin prend des pinces très dures et malfaisantes comme une âme d'acier. On ouvre la bouche, quelque chose s'arrache, on crie. Ça y est.

Le surlendemain, j'eus encore mal aux dents. «Tu n'as pas de chance, mon enfant. Qu'est-ce que c'est donc que ce mal de dents qui ne veut pas finir?» Je m'asseyais sur une chaise et je penchais la tête, pour voir si pencher la tête ne me soulagerait pas. Je ne promenais plus mon mal comme au premier jour, car il était tel que rien ne pouvait le distraire. Assis sur une chaise et penché, voyez-vous cet enfant: quelque chose est sur lui, trop lourd pour ses épaules. Il pleure, il invoque sa mère, il invoque Dieu et toutes les puissances qu'il connaît: quelque chose est sur lui, terrible comme un châtiment. La mère pense: «Mon enfant ne vous a jamais offensé, mon Dieu, et moi, que vous ai-je donc fait pour que vous vouliez le punir? Mon Dieu, c'est à moi que vous auriez dû donner cette souffrance.»

Il y eut une fluxion. Elle croissait, on fit venir le médecin qui la tâta, la pressa, n'y connut pas grand'chose et dit: «C'est sans doute un abcès, nous le percerons dans quelques jours.» Ces visites du médecin nous rassurent un peu et l'on souffre avec plus de calme, en vue de la guérison.

Le médecin revint. Ce n'était pas un abcès. Quelque chose: une grosseur, une tumeur, on ne sait quoi... Ma pauvre tête entière était malade. Je sentais cela sur mon front, sur mes cheveux, dans mon cerveau, sur ma nuque, comme une grosse main appuyée qui me faisait courber la tête. Le médecin ordonna une pommade. Pommade, pommade, tous les matins et tous les soirs le mal se riait de vous et vous restiez là, inoffensive et ridicule. Pommade, pommade, tous les matins et tous les soirs votre pot de pommade désemplissait un peu, mais vous étiez, blanche, aussi vaine qu'une belle dame auprès d'un accident.

Un jour succède à l'autre pendant qu'une douleur succède à une autre douleur. Voici les jours noirs qui naissent avec un matin fatigué. Huit heures et la soupe sont tristes comme un remède à ceux qui n'ont pas d'appétit. Neuf heures, dix heures, onze heures, la Douleur habite votre cerveau, votre mâchoire, vos tempes et votre sang. Vous n'êtes plus vous, cet enfant aux regards et aux idées, car la Douleur vous bouche les yeux et remplace vos idées. Et midi, en vous offrant ses bons plats de campagne, vous fait souffrir encore. Enfin l'après-midi s'étend comme une plaine de sable où l'on est perdu avec l'Ennui, avec le Soir et avec la Mort.

Et le médecin revint. C'était un gros bourgeois de province qui mangeait, chassait et buvait et visitait les malades avec un vieux reste de science qu'il rapporta de Paris. Brave homme et bon cœur, qui s'apitoyait comme un ignorant et disait: «Pauvre petit bougre!» Du reste, il n'osait pas pratiquer d'opération chirurgicale, par crainte de faire souffrir le pauvre monde. Je pense que c'est surtout parce qu'il n'était pas sûr de lui-même. Il ne comprit jamais rien à ma maladie. Son savoir fut épuisé lorsque, après la pommade, quelques remèdes amers et dépuratifs me fatiguèrent bien plus.

Je m'affaiblissais chaque jour. Vous voyez un enfant dont le corps s'en va, qui sent partir sa chair et dont l'âme anime seulement quelques tissus frêles et qui dépériront encore. Il y a des pommettes pointues, des mains translucides et osseuses, et sous ses habits, il y a douze côtes saillantes qui semblent l'intérieur d'une maison de misère. Cependant que cette grosseur de la joue grossit, s'accroît de tous les malheurs d'alentour et veut demeurer à jamais, comme un parasite installé chez un pauvre homme.

Le médecin alors se tourna du côté de la chirurgie qu'il n'aimait guère, mais il fallait me sauver. Il feuilleta des livres, car il avait de la bonté, si bien qu'un matin, il osa faire une incision. Et la souffrance et la peur se joignaient en moi, pareilles à deux mains qui s'unissent et pressurent un cœur.

L'incision fut faite, après laquelle il y eut une plaie suppurante et dont on entretenait la suppuration. Je fus à cette époque un enfant de sept ans qui, la tête cerclée d'un bandeau, offrait à l'air un visage pâlissant dans les linges. Tout le jour, ma petite chaise et moi, au pied du lit, au coin du feu, formions un meuble immobile et geignant. Parfois, maman changeait les pansements avec ses bons doigts, mais un toucher, une caresse, en passant, remuent la vie douloureuse d'un malade et l'agitent. Alors elle me prenait sur ses genoux et me berçait. Or, il y avait en son sein une chaleur qui m'endormait, le soir, loin des abcès cruels, auprès d'une mère dont les deux ailes me recouvrent.

Cet abcès ne termina rien. Un jour, il se ferma, et la grosseur de ma joue subsistait. Le médecin encore me tâta, me fit ouvrir la bouche, examina toute chose, réfléchit un instant et dit: «Décidément, je n'y comprends rien. Un nouveau médecin vient de s'installer ici; vous devriez le voir afin qu'il essaye aussi de guérir votre enfant.»

C'est ainsi. Il y a des étudiants en médecine qui s'amusent à Paris et qui étudient afin d'être docteurs. Et puis ils sont riches et s'établissent dans un coin de province où ils doivent guérir les malades. Leur vie est joyeuse auprès des gentilshommes campagnards alors qu'ils mangent et qu'ils boivent. Ils courent un peu les filles, ils chassent et ce sont des bons vivants. Ils parcourent la campagne et font leur métier pour augmenter leurs revenus. On les aime parce qu'ils sont gais et parce qu'ils se portent bien. On leur ouvre les portes et on les accueille dans les maisons comme on accueille la guérison. Et enfin, lorsqu'ils ont fait plusieurs visites à deux francs, la maladie s'est aggravée et ils vous disent: «Je ne comprends rien à votre enfant et vous déclare que vous ferez bien de le montrer à un autre médecin.»

Le second médecin ressemblait au premier. Fils d'un paysan riche, il voulait s'enrichir encore et brillait de manière à contracter un beau mariage, mais c'était un bon jeune homme d'alcool et de gaieté qui s'agitait et savait me faire rire. Nous allons à son cabinet, le jeudi matin, lorsque nous traversons la place du Marché. Il y a des gens, le jeudi matin, qui font leurs affaires en vendant des œufs: maman fait ses affaires en conduisant son petit au médecin. Vendre des œufs, c'est gagner de l'argent; soigner son enfant, c'est gagner de la vie. Lorsque nous entrons, plusieurs personnes attendent et nous attendons à notre tour en causant tout bas pour faire passer le temps. Maman dit: «Savoir ce qu'il va bien nous dire, aujourd'hui. C'est peut-être cette fois-ci qu'il te guérira.»

Petit cabinet du médecin avec des fauteuils, des tables et des livres, je vous revois. Vous me sembliez plein de luxe parce que vous étiez plein de tapis, vous étiez silencieux aussi pour accueillir les malades, et à cause de vos livres vous aviez l'air savant comme votre maître. Petit cabinet du médecin, vous étiez une petite chapelle où le Bon Dieu accueillait les blessés. Nous entrons ici pour connaître notre destin. Maman, un peu pâle, me tient par la main. Vous étiez très bonne, petite chapelle, lorsque le Bon Dieu me disait: «Assieds-toi.» Il me tâtait en demandant: «Est-ce que je te fais mal, mon petit bonhomme?» Il me regardait dans la bouche aussi et c'était drôle parce qu'il disait: «Allons, ouvre le bec.» A la fin, il y avait tel ou tel remède à prendre, qui faisait battre notre cœur. C'est peut-être le vrai remède. Et quand nous sortions, le médecin me caressait et me donnait de l'orgueil parce que je savais répondre à ses questions: «Qui est-ce qui a succédé à François Ier?»

Nous remontions chez nous, le jeudi matin. Un enfant et sa mère ont descendu cette rue en ne sachant pas, voici qu'ils la remontent en souriant. Les nouveaux médecins sont pareils aux nouvelles amantes qui donnent un nouveau bonheur. Et vous, jeudi matin, avec cette clarté, vous embellissiez la semaine. Jeudi matin, je vous aime, et maintenant, vous êtes encore pour moi un matin d'espérance.

Pendant longtemps, les remèdes se suivirent. Nous courons chez le pharmacien et je les utilise immédiatement. Il ne faut pas laisser au mal un seul des instants qu'on peut lui soustraire. Les premiers jours, j'étais bien naïf. Chaque potion amère fut un divin liquide inventé pour le bonheur humain. Je la bois, je la sens en moi, je gesticule en criant: A présent, je suis guéri!

Un peu plus tard encore j'espérais au lendemain. Celui qui se couche plein de souffrance, la nuit le prend entre ses mains et le caresse et le repose. Demain matin, la fatigue s'en est allée; le sommeil vous a lavé la tête, et la grosseur de votre joue—vous souvenez-vous?—eh bien! elle n'est plus là.

Un peu plus tard encore j'espérai dans la fin de la semaine. Plusieurs jours sont nécessaires pour que ce remède entre dans votre sang. Tout d'abord, vous ne sentez rien parce que son travail ne s'est pas fait, mais bientôt, lorsqu'il a pénétré votre chair, toute votre chair se transforme, les humeurs, dissoutes, s'en vont et se perdent. Peut-être bien que la prochaine visite au médecin sera la visite de guérison.

Mais hélas! espérances décevantes, belles espérances de mes jours qui m'avez trompé, je vous ai vues partir l'une après l'autre, comme les fleurs d'un jardin qui n'ont pas laissé de fruit. Vous étiez plusieurs à mes côtés. La première était la plus belle, elle est partie d'abord. Sa sœur était un peu moins belle et m'a quitté bientôt. La troisième était modeste et douce. Elle se tenait devant moi, et lorsqu'elle me regardait, il brillait dans ses yeux un peu de mon âme. Je vois bien maintenant que celle-ci était la meilleure. Je lui tendais les mains et nous jouions ensemble à cache-cache derrière les bosquets où sont les plantes vertes et noires. Un jour, elle s'est trop bien cachée et je n'ai jamais pu la découvrir.

Ah! oui, nos caractères savent se plier! Facultés d'assimilation: pauvres cerveaux et pauvres nerfs, vous en jouez de vos facultés d'assimilation pour vous habituer au malheur! Quand les trois espérances eurent franchi mon seuil, je vécus côte à côte avec mon mal. Je vécus à côté de mon mal comme un homme à côté d'une personne qu'il connaît. C'est une mauvaise personne qui vous gronde et qui vous bat. Elle s'assied sur votre chaise, elle prend place à votre table, elle se couche dans votre lit, elle voudrait entrer dans vos pensées. Mais nous savons garder nos pensées des mauvaises personnes. Nous les enfermons au fond de nous-mêmes, là où sont nos sentiments les meilleurs. Elles vivent, elles se blottissent au nid, elles sont de bonnes pensées tièdes et frileuses. Mélancoliques pensées des malades, pensées bonnes et fines, l'âme à son tour prend un peu de votre forme, et bienheureux les enfants malades, car ils auront de la finesse et de la bonté.

Maman, qui me voyait dépérir, ne s'habituait pas à mon mal. Il y avait un enfant qui ressemblait aux autres enfants avec sa vie saine et son bonheur. J'étais beau comme un travail qu'elle avait fait. Je représentais une partie de sa chair et de son sang et sur mes idées, on sentait que ses mains avaient passé. Or cet enfant qui jouait s'assied dans un coin pour souffrir. Ce travail que l'on a fait, ce bel objet qui vous avait coûté tant de peine, qu'un souffle passe encore: il sera brisé! Et la chair de votre chair se corrompt, le sang de votre sang s'amasse en un endroit de la joue et devient du pus et de la douleur. Oui, ses idées sont bien ce que j'en avais fait, mais les idées dans ce corps maigre tremblent et pâlissent, jusqu'à ce qu'elles meurent, mon Dieu!

Alors, puisque le médecin n'y pouvait rien, maman s'arrangea pour me guérir elle-même. Les médecins qui ont fait des études connaissent beaucoup de maladies, mais pour guérir un malade il faut l'examiner avec cet instinct que donne une grande bonté. Dans les hôpitaux, de vieux chirurgiens et de jeunes internes pratiquent toute la science des écoles, or beaucoup d'hommes meurent parce qu'on ne sait pas les soigner avec amour. La Bonté est plus forte que la science humaine. Il faudrait que la médecine fût un sacerdoce et que chaque médecin pratiquât son métier comme on accomplit un grand devoir. Loin des plaisirs du monde, dans sa pensée et dans son cœur, il faudrait que le médecin restât chaque jour, afin de se recueillir et de se fortifier. Un cerveau, c'est bien, pour connaître les maladies, mais un cerveau et un cœur, cela suggère les miracles. Vous devinez ce que vous n'aviez pas compris et votre amour, dépassant vos idées, vous guide dans tous les dédales. Isaac Newton découvrit la gravitation, non parce qu'il était savant, mais parce qu'il avait une âme poétique.

Les médecins qui parcourent les campagnes avec leur gros sang et leurs idées sereines passent dans les maisons et regardent les maladies comme un conducteur des Ponts et Chaussées regarde un remblai qu'il faut combler. Les hommes sont de simples matières où l'on exerce son métier. Or, la médecine n'est pas une science que l'on applique aux hommes comme celles que l'on applique aux pierres.

Maman s'arrangea donc pour me guérir elle-même.

Je ne pouvais manger. La vie est une duperie: ce sont les gens maigres qui ne peuvent pas manger. La soupe réconfortante du matin, les haricots et le vin de midi, la soupe encore du soir me donnent des haut-le-cœur et je m'enfuis sur ma petite chaise, dans mon coin, là où l'on ne mange pas. J'aimais pourtant les biscuits qui, trempés dans le vin, fondent avec un goût de sucrerie. Mais ce n'est pas une nourriture, et puis, dans nos campagnes saines on ne veut pas dépenser son argent à des biscuits. Maman cherchait quelque aliment réconfortant et qui me tentât comme une friandise. Elle finit par penser au chocolat. Tous les matins, tous les midis et tous les soirs, avec une belle couleur lilas et une odeur chaude, le chocolat au lait m'appelait comme un ami. Je fus tenté dès la première fois. Petit gourmand, je m'approchais. Or, une force agite ma cuiller et jusqu'à la fin, maman, j'ai mangé mon chocolat. On finit même par mettre du pain dedans. Je ne mourus pas d'inanition. Chocolat au lait, je vous serai toujours reconnaissant parce que vous m'avez sauvé la vie.

Celui qui mange, la nature le fait rentrer dans ses lois. Un repas, une digestion et la faim qui les suit sont des phénomènes essentiels. C'est un nouveau sang qui se forme, une nouvelle chair aussi, et puis il semble que de nouvelles idées se forment en même temps. Vous participez à la vie ordinaire qui se compose de changements. Vous êtes en mouvement comme le vent, comme les hommes et comme toutes les forces naturelles. Un malade se renferme et se replie vers le passé. Sa pensée se souvient et revit les anciens instants tandis que son corps absorbe et boit les anciennes substances. Et il arrive, en ce temps-là, que sa pensée s'étiole et que son corps s'amaigrit parce que les anciens instants sont passés et parce que les anciennes substances sont épuisées.

Maman se dit qu'elle devait faire revivre mes idées comme elle avait fait revivre mon corps. Elle me fit retourner à l'école. Ça me distraira. Certainement, et lorsque je descendais avec mes cahiers sous le bras, je pensais à des choses de l'école. Je devenais studieux. L'histoire de France m'emplissait la tête de ses actions de rois et de ses batailles. Je connus des bruits d'armures que frappaient les épées, alors que Duguesclin, Jeanne d'Arc et les Anglais habitaient mon âme avec force comme ils avaient habité ce monde. Histoire de France aussi, vous m'avez sauvé la vie.

C'est à cette époque qu'une vieille mendiante avec son enfant passa devant notre maison. C'était une vieille femme, habitant à quelques lieues de là qui, tous les mois, venait dans notre petite ville où les riches bourgeois avaient l'habitude de lui faire des dons. On la voyait passer, tenant son panier d'une main et son enfant de l'autre main. Son panier contenait les choses de sa vie: des œufs, des légumes, du vin et son porte-monnaie, et son enfant contenait tout son bonheur. Chaque mois, on la voyait passer avec ses vêtements propres, son bonnet blanc et son visage couleur de grand air. Elle habitait, sur la lisière d'un bois, une petite cabane qu'entouraient les champs jaunes du Berry et la forêt profonde de mon pays. Mais jamais on ne l'avait aperçue dans sa cabane. Les gens en passant disaient: C'est ici la maison de la mère Henri, et les contrevents étaient fermés, et la porte barrée. Voyages de vieilles mendiantes, voyages souvent lointains de celles dont la besogne est par les routes! Les voyages forment l'esprit, car on récolte dans les champs, dans les maisons et sur les chemins, presque toutes les connaissances de la vie. C'est ainsi que la mère Henri apprit à faire, avec des plantes, une eau que l'on appelle l'eau rouge et qui soulage de toutes sortes de maux. Elle guérissait aussi de la «doubée». Je n'ai jamais su ce que c'était que la «doubée», mais la mère Henri guérissait de la «doubée». Si elle avait été plus vieille, solitaire et sale, on aurait cru qu'elle était sorcière. Mais elle avait un enfant comme les autres femmes, elle était propre comme les autres femmes encore, elle causait ainsi que tout le monde, et l'on croyait simplement quelle avait appris le long des routes quelques-uns des secrets des plantes.

Depuis quelque temps, maman la guettait à passer. Il y a des espérances inavouées que nous plaçons sur les vieilles têtes du hasard. Maman pensait que la Vérité qui voyage peut rencontrer ceux qui rôdent. Et puis, il y a toujours des voisins qui connaissent le cousin d'une personne qu'une vieille mendiante a guéri. Enfin, le succès appartient à ceux qui le cherchent partout, même où ne s'arrêtent guère les succès.

Maman appela la mère Henri: nous pouvons toujours essayer, disait-elle. Mère Henri, je vous vois encore lorsque vous arriviez lentement, avec votre bon air, comme ceux que l'on attend. Vous m'avez aperçu, la tête entourée d'un bandeau et vous avez dit: «En effet, l'on m'avait appris qu'il était malade, votre petit.» Votre enfant était avec vous. Maman, tout de suite, vous raconta que c'était un mal qui ne voulait pas s'en aller. Et parce qu'elle était impatiente de ce que vous lui diriez, elle défit bien vite le bandeau. La grosseur était là. Vous l'avez touchée du bout des doigts, par crainte de me faire mal. Ensuite vous avez dit: «C'est sans doute de l'humeur», et vous nous avez regardés. Vous avez bien vite ajouté: «Il faudrait mettre là-dessus un saint-bois. Un saint-bois, c'est une petite écorce qui attire l'humeur et la fait sortir en dehors. On en trouve chez tous les pharmaciens.»

Alors maman, pour vous remercier, vous offrit de manger du pain et du fromage en buvant un verre de vin. Vous avez accepté et votre enfant s'est assis auprès de vous sur la petite chaise. Voilà, mère Henri. Je me souviens de votre amour pour votre enfant. Vous lui donniez à manger et à boire en disant: «Mange bien, bois bien, mon petit.» C'était un enfant bien élevé qui mangeait proprement parce qu'il avait l'habitude de manger comme cela, chez des gens aisés qui n'aiment pas que les pauvres laissent des miettes. Vous le regardiez. Mère Henri, aussi longtemps que durera ma mémoire, je me souviendrai des regards que vous donniez à votre enfant. Vous étiez une vieille malheureuse, dans une cabane, et qui voyage pour aller tirer les sonnettes par tous les temps de pluie et de soleil. Votre main brune, l'hiver, pressait votre sein où glissait le vent gelé, et vos vieux pas d'été pleins de sueur marchaient au soleil sur les routes sans nombre qui usent vos jambes pour vous donner du pain. La pauvreté vous entourait le corps, comme une grosse corde, et vous traînait ainsi qu'un maître traîne une bête pour la montrer aux portes des maisons. Mère Henri, quand vous regardiez votre enfant, l'on sentait que vous étiez une femme heureuse. Vous regardiez votre enfant comme Jésus doit regarder ceux qu'il a mis au monde et qu'il fait souffrir. Mais surtout, vous le regardiez comme on regarde son bonheur. Votre enfant vous semblait beau comme un château avec un parc. Le maître s'arrête et contemple en pensant qu'ici c'est sa vie: la richesse, l'aisance et la beauté. Votre enfant était meilleur que la chaleur des bons foyers, que les baisers des amoureux et que la viande que l'on mange en buvant du vin. De toutes ces choses il vous tenait lieu. Alors, vous l'admiriez. Ce jour-là il tombait de la pluie. Votre petit garçon dit: «Il pleut.» Dans nos pays, on parle très mal et l'on dit: «Ça pluit.» Vous le fîtes remarquer à maman: «Voyez-vous, Madame, mon petit ne dit pas: Ça pluit, mais il dit: Il pleut.» Votre petit garçon sourit: «Voyez donc, Madame, disiez-vous, comme il a de belles dents.» Et quand vous vous êtes levée pour partir, maman vous a dit: «Il a l'air bien intelligent, votre petit.» Alors, mère Henri, j'ai vu vos deux yeux comme deux âmes profondes dans lesquelles l'amour est tombé.

Puis vous êtes partie, entre votre panier et votre enfant. Votre panier contenait votre vie, mais votre enfant contenait tout votre bonheur.

Un saint-bois. Maman n'osa pas l'appliquer. Sur ma joue, au siège du mal, il ne faut pas des remèdes de bonnes femmes. Un saint-bois peut être bon, mais la prudence conseille de ne pas s'en servir. Maman ressemblait aux vieux paysans malades qui appellent un médecin. Le médecin dit: «Ce n'est rien, il faut prendre tel ou tel médicament facile.» Alors on l'écoute parce que si cela ne fait pas de bien, cela ne peut, du moins, pas faire de mal. Mais si le médecin commande une médication compliquée, le vieux hoche la tête et pense: Il se trompe avec tous ses remèdes de pharmacien et mon mal partira comme il est venu. Les médecins sont pareils aux conseillers que l'on écoute lorsqu'ils sont de notre avis.

Ma mère pourtant était ébranlée. C'est une pente irrésistible, sur les routes irrégulières et qui nous précipite jusqu'à sa fin. Tu as interrogé la science d'une commère: tu l'as comprise et tu voudras la compléter. La curiosité se joint à l'espoir et nous pousse. Pour maman, l'espoir surtout la poussait. Un saint-bois agit parce qu'il attire l'humeur. Pourquoi ne la transporterait-il pas à l'endroit que l'on aurait choisi? Sur un bras de mon enfant si je mettais un saint-bois, par ce moyen on verrait toute l'humeur s'en aller, et celle de la joue aussi. Maman fit part de ce raisonnement à toutes nos voisines et chacune l'approuva. «Moi, à votre place, j'essaierais.» Pendant quelques jours encore, maman retourna cette idée dans sa tête et, l'ayant bien appréciée, résolut, un samedi, de l'expérimenter pour une durée de huit jours.

Hélas! vous, saint-bois, entre deux samedis qui restâtes sur mon bras, pauvre remède de bonne femme, vous nous avez trompés. Nous étions habitués aux déceptions depuis les temps de la pommade et de l'incision et de plus nous ne laissions croître que de toutes petites espérances, afin que leur départ ne fît pas en nous trop de vide. Mais vous, saint-bois, remède de bonnes femmes, humble remède de gens comme nous, vous n'auriez pas dû tromper les vôtres. Nous vous avons pardonné, nous avons même cru que nous n'étions pas assez hardis. Maman dit: «Ce saint-bois, il faudrait le mettre sur ta joue, mon petit, mais je ne l'ose pas. La mère Henri avait peut-être raison, qui voulait que l'on attaquât le mal en son endroit.»

Ensuite le temps passa, comme passe le temps des malades. Nous n'avions pas parlé de notre femme au médecin, parce que les médecins sont des gens savants qui n'aiment pas la concurrence. Le temps se levait chaque matin et traînait des jours gris dans notre maison, le long des rues de l'école et parmi les livres. On le voyait se dresser pendant des heures et poser ses poings lourds sur ma tête. Nous allions souvent chez le médecin, et ces jours-là, le temps de notre vie semblait un peu plus clair et plus léger. On dirait que les médecins nous guérissent du temps. Nous allions chez le médecin. L'hiver passa, le printemps aussi, l'été vint, et nous allions encore chez le médecin. Aide-toi, le ciel t'aidera. Ah! oui, nous nous aidions, mais le ciel mettait bien longtemps à nous aider. En avons-nous usé de la patience, maman! Lorsque nous nous donnions la main en descendant chez le médecin, nous pensions: Il y a bien longtemps déjà que nous connaissons ce chemin. Et nous remontions tous deux en pensant: Il y a bien longtemps déjà que le médecin ne connaît rien à ce mal.

Le temps passa, tout habillé de fer, comme un guerrier dangereux qui ne veut pas passer.

Une fois, le temps s'arrêta auprès de nous. C'est parce que ce médecin croyait que deux cautères pourraient me guérir. Oui, le médecin dit un jour: «Il faudrait lui poser deux cautères. Ça ne sera pas grand'chose et ça le soulagera certainement.» Il me demanda: «Comment écris-tu cautère?—*Coterre*.—Mais non, répondit-il, parce que ça ferait coterr...re. Il faut l'écrire *Cautère*.» Savoir écrire leur nom me rendait les cautères familiers. *Cautère*, vous ressembliez à mes bêtes familières, à Jeanne d'Arc et à Napoléon, et vous veniez à moi, comme eux, à travers ma jeune science, pour faire du bien à mes maux. Pendant huit jours, *cautère*, nous vous attendions comme un bienfait: moi parce que je vous connaissais et maman parce qu'elle espérait en vous. Je crois que jamais, cautère de mon enfance, vous ne fûtes ainsi reçu chez les hommes par un fils et sa mère qui vous attendaient.

Certes, nous avions expérimenté bien des remèdes, mais tout nouveau remède est doué de propriétés particulières (dont la meilleure est, je crois, d'entretenir l'espérance). Les médecins nous promènent à travers les connaissances humaines.

Le matin des cautères, je ne m'attendais pas à ce qui allait arriver. Connaissant ma maladie, mon cerveau l'avait domestiquée et l'associait à ma vie sans crainte de rébellion, mais un jour, il s'aperçut que cette bête domestique était une bête parce qu'on agissait avec elle comme avec une bête. En effet, les cautères prennent la chair et la rongent furieusement. On voit ainsi une bande de chiens de chasse dévorer un sanglier des bois. Le médecin opérait, maman me tenait la tête et moi je me plaignais, longuement, avec des geignements égaux. Je me plaignais bien plus à cause de ma maladie qu'à cause des cautères. Je revoyais cette grosseur que Dieu posa sur ma joue et qui me traînait depuis si longtemps déjà, sur sa route ardue où mes forces se lassaient. Je demandais compte à toutes les puissances humaines ou divines de leur malédiction. Vous m'avez blessé, moi qui n'ai rien fait. J'allais à l'école tous les matins et j'accomplissais tous mes devoirs lorsque vous m'avez blessé. Et vous m'avez blessé au visage afin que la blessure fût visible et pour que le châtiment fût profond. Ma joue se creuse sous deux cautères et c'est une marque infâme que vous m'imposez à jamais. Mais, au moins, laissez-moi guérir. Entrez votre poing dans ma chair, et que j'en souffre, mais au moins laissez-moi guérir.

Quelques jours plus tard, lorsque le médecin enleva les deux cautères, il y avait deux trous que nous devions faire suppurer. Jusqu'ici j'avais bien su que j'étais malade à cause de mes souffrances, de mes remèdes et de nos visites, mais ces maladies élégantes restent à notre surface comme des douleurs aristocratiques. Presque du bonheur est sur elles. On se dit: Je suis malade, pour se distinguer des autres hommes, et l'on sent que la maladie est une supériorité parce qu'elle affine les malades. Mais si la chair se rompt, la maladie se montre par deux trous et devient une maladie honteuse. Alors le malade est un homme blessé qui laisse ses pensées dans ses blessures, où elles se corrompent à leur tour et vivent avec des plaies.

J'avais perdu mon calme et mon accoutumance. A l'école, mécaniquement, les choses entrent dans ma tête. Il y a deux parts dans mon esprit: l'une où viennent les connaissances du monde, malgré moi, parce que j'ai des sens, et l'autre où sont deux trous que mon âme habite. Moi, c'est la seconde part, c'est mon âme recroquevillée qui pense et qui pleure. Un jour que je n'écoutais pas ses observations, l'instituteur me donna une gifle. Alors, on vit baver deux filets de pus sur ma joue, qui étaient une tare cachée qui se montre et par laquelle on comprend qu'il ne faut pas toucher à cet enfant, puisque sa chair se décompose. Ces deux filets de pus me séparaient du monde.

Mes nuits étaient noires et rudes. Un sommeil implacable me gardait, pieds et poings liés, sans connaissance et sans pensée. De toute ma fatigue venait cet accablement et tout mon corps y participait, par ses sens, par ses membres et par ses organes qui ne pouvaient plus agir parce que le mal les avait usés. Mais un ronflement marquait ma vie et ce ronflement encore était de la fatigue. Je ronflais comme on râle, avec une respiration qui voulait jaillir, mais qui devait traverser des marécages. Quand parfois je m'arrêtais, maman pensait: Sa respiration peut-être n'a pas pu sortir, et elle me tâtait pour voir si je n'étais pas mort. Je m'éveillais le matin, amer, et la bouche pleine d'un pus qui semblait aussi gagner mon cerveau où des idées s'épaississaient.

Il y eut un jour où je ne pouvais pas fermer la bouche: quelque chose, comme une dent de sagesse, pointait pour la tenir entre-bâillée. Le médecin dit: «Mais voilà, c'est l'os qui sort. Je comprends maintenant sa maladie. Voyez-vous, Madame, c'est l'os qui était gâté. Je m'en étais toujours douté.»

Il prit une pince et enleva le morceau d'os ainsi qu'on enlève une dent. Le voici. Nous le regardâmes, maman et moi, comme une partie de nous-mêmes et avec une grande crainte. Nous avions peur parce qu'un os gâté doit ressembler à une plaie et nous pensions la voir et souffrir à cause de sa profondeur et de son pus. Mais non, et c'était simplement un petit os poreux un peu plus gris qu'il n'aurait dû. Alors nous fûmes bien étonnés de ce que si peu de chose pût produire tant d'effet.

Nous l'enveloppâmes dans du papier de soie pour le conserver, mais nous n'étions pas rassurés. Ça commence par un petit os de la mâchoire, de même qu'une carie d'os commence par une fluxion légère, et ça se poursuit longtemps comme un mal qui ronge. C'est une fraction et c'est une autre, et puis c'est tout un os qui disparaît. Et d'autres os s'en vont qu'a corrompus un mauvais voisinage car les maux gagnent de proche en proche avec la mort pour but. On comprend que l'humanité est faite pour les maux lorsqu'on voit leur naissance et leur développement. Un os de ma mâchoire sort par ma bouche et nous nous demandions si tous les os de ma tête n'allaient pas sortir par le même endroit.

Ah! les semaines qui suivirent! Je sentais ma mâchoire en travail qui se désagrégeait seconde par seconde comme le temps se désagrège et avec cette assurance égale que donnent les grandes forces. Voilà ce que je croyais sentir. Lorsque mon sang avait un peu plus de vie, alors qu'un peu de calme semblait me revenir, cela accélérait encore la vitesse du mal. C'est une marche vers la mort. Dieu parfois la rend agréable et rapide, mais c'est afin de mieux nous tromper, pour que nous arrivions plus tôt à sa fin. Et j'étais un pauvre enfant plié. Je m'asseyais sur ma chaise, je me couchais dans mon lit, j'étendais mes bras en croix, comme l'autre, qui avait tant souffert, et je n'aurais pas voulu souffrir, et je n'aurais pas voulu mourir.

Les actions de la vie me semblaient superflues. Ah! c'est la fin de l'été et c'est un peu l'automne, et il y a un beau soleil dans le ciel bleu. Que m'importaient ces choses! Et que m'importaient le travail, les paroles et les visites au médecin! Mes idées habitent deux trous de ma joue auprès des os de ma mâchoire, dans un pays où l'on ne vit plus qu'une vie maigre et pourrie. Le monde est malsain, les médecins ne savent pas guérir les malades et le travail et les paroles sont superflus, puisque l'on doit mourir.

Ma pauvre maman me prenait la main et m'entraînait. Il faut une grande persistance dans nos espoirs et suivre courageusement le Destin où il nous conduit. Le Destin nous conduisait encore au cabinet du médecin. Maman le suivait, égale et forte comme les forces qui nous poussaient et le suivait jusqu'au bout en me traînant par la main. Je m'en allais avec des petits pas de laine et la tête baissée, et je sentais en moi toutes les défaillances d'un vaincu: «Aie du courage, mon petit enfant. Les médecins qui nous enlèvent nos os ne nous font pas souffrir longtemps. Et puis, je t'achèterai des biscuits. Tu les mangeras avec du vin, et tu sais qu'ils sont bons comme des bonbons et qu'ils fortifient le cœur des enfants malades.»

Une autre fois, elle me dit: «Si tu es bien sage et que tu ne cries pas, je t'achèterai un crayon rouge et bleu.» Un crayon rouge et bleu, je voulais le gagner, parce qu'il sert à composer de beaux dessins. Ce jour-là, le médecin aurait pu m'enlever bien des os sans me faire crier. Un crayon rouge et bleu possède une grande puissance à cause de ses deux couleurs éclatantes qui rappellent l'uniforme des soldats. Je le voyais devant mes yeux et doué d'une grande beauté. Il faut souffrir pour le posséder, mais la possession en est si bonne qu'il semble qu'ensuite on ne pourra plus mourir.

Le médecin dut faire un voyage à Paris. Avant de partir, il nous dit: «Je vais emporter un des petits os que nous avons arrachés, pour le montrer à l'un de mes anciens professeurs.» Et quand il revint, voici ce qu'il nous apprit: «C'est bien une carie d'os, comme je vous l'avais dit. Il aurait fallu pratiquer une opération et gratter la partie malade, mais nous ne le pouvons plus maintenant, à cause de la faiblesse de cet enfant. Laissons, et le mal s'en ira seul.»

Nous laissâmes. La résignation des pauvres gens s'étend sous le ciel comme une bête blessée et regarde doucement les choses dont elle ne peut point jouir.

Auprès du médecin, mon mal s'accrut, parce que c'était dans ma destinée. Il aurait fallu une opération chirurgicale, mais nous n'en voulions à personne, en pensant que nous étions de pauvres gens. Les ouvriers savent que la vie est pénible, puisqu'il faut travailler chaque jour, et les maladies leur montrent qu'elle est plus pénible encore puisqu'on ne conserve pas toujours cette vie pour laquelle on a travaillé. Les médecins sont riches et leur fortune les éloigne de nous. Ils passent en voiture, leur regard s'arrête à peine sur nos humbles maisons et leur esprit les considère un instant, puis s'en va. Nous restons penchés sur nos besognes et nous acceptons les lois naturelles: le travail, les maux et la richesse. Nous disons simplement: Nous n'avons pas de chance. Et c'est la formule dernière de nos cerveaux, grâce à laquelle nous pourrions vivre dans le malheur éternel.

Il arriva que le dernier morceau d'os sortit de ma mâchoire. Je fus guéri, et nous en étions étonnés.

CHAPITRE QUATRIÈME

A douze ans, les enfants deviennent grands et l'on se rappelle qu'ils étaient tout petits. On s'aperçoit en outre qu'ils deviennent indépendants et ça ressemble au moment où l'oiseau commence à voler. Vous savez bien: les petits oiseaux posent leurs pattes sur le bord de leur nid et regardent alentour où c'est si beau qu'ils font: Cui, cui! Ils s'élancent enfin. Voici des champs, des haies, des maisons et des rues et toute une vie qu'ils ne connaissent pas. Et puis, voici d'autres nids et d'autres oiseaux qu'ils vont connaître et qui changeront leurs idées sur le nid natal. Intelligence et vivacité, les enfants de dix à douze ans qu'on laisse aller par la ville la voient, avec ses maisons, considèrent son commerce et ses habitudes, et agitent leur cerveau avide de spectacles. C'est au point de vue des jeux et des promenades qu'ils en apprécient la beauté, car les enfants rapportent tout à eux-mêmes et leurs appréciations sont les filles de leurs plaisirs.

Avant ce temps-là, j'avais vécu une vie renfermée (comme celle des petits oiseaux, vous dis-je). Au monde il y avait moi et les sentiments qui naissaient de l'action de mes organes. Les jeux, les souffrances et mon attachement à ma mère bornaient l'horizon comme de grandes limites, et si grandes qu'au delà l'on ne comprenait pas ce qui pouvait se passer. Ma petite ville était une ville, ce quelque chose qui est fait avec des rues et des maisons et qu'on appelle une ville tout court. Ma petite maison était tout simplement une maison qui possède un seuil où l'on joue, des chambres qui sont utiles aux jours d'intempérie, et un lit, et des chaises pour la fatigue et pour la maladie. Il y avait pourtant l'école, mais l'école, ce sont des livres et des camarades.

Ma petite ville est très utile parce qu'elle est très calme. A cause du silence, nos cris ont plus de vie et parce que les rues sont solitaires, nos jeux ne comportent pas de dangers. C'est dans les rues que l'on peut faire des parties de chasse où les uns sont chasseurs, les autres chiens et où les plus malins sont des bêtes sauvages. C'est sur les places que l'on peut faire des parties de barres pleines de courses et de cris. C'est partout que l'on peut jouer à cache-cache, parmi les tonneaux du marchand de vin, dans les écuries, dans les hangars, et dans les greniers. Ainsi va le monde avec des raisons multiples et contradictoires. Nous ne comprenons pas comme le marchand de vin l'utilité des tonneaux, des écuries, des hangars et des greniers, et ceci montre que la vie a deux côtés, dont l'un est pour les hommes et dont l'autre est pour les enfants. J'ai su, depuis, qu'il y avait encore le côté réservé aux dames et le côté réservé aux messieurs.

En deux temps et trois mouvements l'on peut parcourir ma petite ville, mais il y a des jours extraordinaires pendant lesquels elle est variable et compliquée. Je parlerai d'abord des dimanches. Les dimanches de ma petite ville étaient si beaux que je les vois comme des dimanches de printemps. Le matin, avec sa messe et son marché, nous montre des paysans en blouse bleue, des paysannes en robe noire et des jeunes filles légères avec un livre de messe et une ombrelle. Voitures à âne en plus, paniers de beurre et d'œufs, allées et venues, et soupe grasse et bœuf bouilli que l'on va manger! Dimanche matin, c'est la résurrection comme au dimanche de Pâques. Les hommes et les femmes font un grand commerce, un grand bruit, et ils s'approvisionnent pour toute la semaine. Les hommes et les femmes s'approvisionnent de denrées et les enfants de douze ans s'approvisionnent de bruit et de mouvement.

Dimanche soir avec maman je me promène et nous allons voir des amies. Les maisons qui ne sont pas la nôtre présentent un caractère de nouveauté qui pour moi est charmante et instructive. La vie qui s'y mène me fait connaître les mœurs provinciales étroites et tranquilles qui comportent le travail de la semaine et le repos du dimanche. Et quand nous remontons le soir, chacun rentre chez soi. Les places deviennent plus grandes, les rues deviennent plus larges parce qu'elles se vident, et notre cœur, comme elles, s'agite encore avant de reprendre sa vie de chaque jour où de petits sentiments se promènent dans sa grande étendue.

Il y a les jours de foire et les jours de fête. Les jours de foire, ce sont des bœufs, des vaches, des veaux, et ce sont surtout des cochons. Ce sont aussi des marchands, des vieilles femmes avec des étalages qui vendent des trompettes, des gâteaux et quatre petits cochons en pain d'épice pour un sou. Il y en a du bruit, ces jours-là, et des spectacles! On voit défiler toute la vie des campagnes qui se compose de bestiaux, de fruits et de laitage et dont le travail a pour but ces achats et ces ventes qui mènent les hommes aux foires.

Les jours de fête, ce sont des jours de plaisir. C'est plus que du repos, c'est du plaisir. Chevaux de bois et loteries et auberges pleines, en voilà de l'activité! Les bals sautent et font de la musique avec tant de cris et tant de bruit qu'il semble que la vie humaine est multipliée par cent. Je vais tout voir, mais je m'attache à ce qui brille. Les chevaux de bois sont un abrégé des merveilles des cieux. Ils contiennent des dorures, de la musique et du mouvement. Je leur donne toute ma bourse, et lorsqu'elle est vide, je les regarde tourner et je leur donne tous mes sentiments. Les jours de fête sont bons comme des parents qui viennent quelquefois chez nous avec des cadeaux et de la joie et auprès desquels on oublie son travail et ses pensées.

Mais à douze ans, j'ai surtout connu ma petite maison. Enfant blessé, je devins studieux, et fils d'une bonne mère, je vécus auprès d'elle où il faisait bon. Toutes les chambres de ma petite maison ont une grande valeur, mais jusqu'ici je m'étais tenu dans la grande chambre d'en bas qui appartient à maman. Il faut que je reste auprès d'elle, puisque ses enseignements me sont nécessaires à tous les instants, et puis il faut que je reste au centre du nid pour bien m'imprégner de la vie familiale. Les petits enfants prennent la tradition de leurs parents, qui est dans les actions communes, dans les pensées communes, dans les habitudes et dans l'ordonnance du ménage. Il y avait la boutique de mon père, mais la boutique de mon père est grave et l'on y travaille à notre vie quotidienne. Un enfant ne doit pas troubler l'exercice des fonctions supérieures. Mon père est un tribunal, et je ne m'adresse à lui que pour des affaires importantes qui soient à la hauteur de son travail. Il faut qu'il s'agisse au moins d'un problème d'arithmétique.

A douze ans, je vécus dans ma petite chambre d'en haut. Elle contenait un peu d'indépendance, à cause de son isolement, mais elle se rattachait au reste de la maison dont les bruits traversaient sa cloison. Je suis chez moi et je pense, je suis chez les miens et je les entends. Un bruit d'outils sur le bois, c'est mon père; des pas qui travaillent, c'est maman; des livres et des imaginations, c'est moi. La fenêtre donnait sur un grand jardin et sur notre petite cour, sur un grand jardin, au loin, où je veux aller, et sur une petite cour, tout près, où je suis. Et vous voyez mon âme de douze ans qui s'embarque et qui reste. Je couchais dans ma petite chambre. Solitude des nuits, vous êtes noire et l'on ne vous connaît pas. C'est très bien quand je dors, mais si je m'éveille, solitude des nuits, j'entends vos bruits autour de ma vie. Il y avait de gros rats dans le grenier qui marchaient au-dessus de ma tête avec de grosses pattes. J'ai toujours cru qu'ils avaient des bottes. Soudain j'entends quelque chose, je dresse l'oreille et j'écoute. Un sentiment me dit que ce sont les rats, mais un autre sentiment me dit le contraire. Les rats n'ont pas des pas si grands et si pesants. Un homme a pu ce soir se cacher dans le grenier en attendant la nuit pendant laquelle il me tuera. Mon couteau ne me suffit pas, et il faudra que je demande la canne à épée de mon père afin de me défendre. On dirait des frôlements, et puis, il y a des craquements alentour des portes. Je commence par me dire que la prudence est mère de la sûreté. La peur arrive, mon imagination grossit. Je n'hésite plus, je saute du lit, je descends l'escalier, j'accours auprès des miens et je leur raconte cette histoire. Ils me rassurent bien vite en me démontrant qu'il ne peut pas y avoir de danger et que les malfaiteurs n'ont pas de raisons pour nous en vouloir. Ils me prennent par la fierté et me demandent si je suis un homme. Pour le leur prouver, je n'accepte pas l'offre qu'ils me font de dormir dans le lit d'à côté. Je remonte avec mon courage et mes idées calmées.

Il y avait encore l'école. L'école contient des jeux, des classes et des récompenses. M. Chevrier, l'instituteur, nous prépare au certificat d'études primaires. La vieille renommée de science qui fut toujours celle de notre école va s'accroissant sous sa direction. M. Chevrier a cinquante ans, avec une grande propreté, une grande fermeté de caractère et des connaissances fixes. Toutes ces qualités sont nécessaires. Cinquante ans, c'est du respect. Une grande propreté, c'est un bon exemple. Une grande fermeté de caractère, c'est de la crainte. Des connaissances fixes pénètrent les cerveaux et s'y installent avec précision, chacune en son endroit spécial, et toutes sont bien ordonnées. Vanité des vanités, on rencontre des personnes qui savent mille choses grâce auxquelles elles brillent dans les conversations, mais il vaudrait mieux pour elles savoir simplement quelques faits et connaître quelques dates, parce qu'alors elles brilleraient dans les examens. Voilà ce que pensait M. Chevrier.

Nous allons à l'école avant les autres, à sept heures du matin, et nous en sortons à six heures du soir. Les dictées, les problèmes, les leçons d'histoire, de géographie et les exercices de lecture se suivent et se complètent. J'ai cru, dans ce temps-là, que la science n'était pas agréable. Les dictées, prises dans les bons endroits, contenaient les fautes qu'il faut éviter et les mots qu'il faut connaître. Elles traitaient les graves questions de morale et d'économie politique qui intéressent l'homme et la société. Mais nos cerveaux de douze ans n'étaient pas des cerveaux d'hommes et ne pouvaient pas comprendre la société, c'est pourquoi les lois de la morale et de l'économie politique nous semblaient ennuyeuses comme les dictées que l'on subit. La vie est bien claire, les enfants jouent, les hommes travaillent, et nous ne voyons pas la morale et l'économie politique se mêler à leurs actions. Sciences humaines, a priori, vous ne m'avez rien appris.

L'histoire de France, c'est Charlemagne, auquel succède Louis le Débonnaire en telle année, auquel succèdent en telle autre année ses trois fils, Louis le Germanique, Lothaire et Charles le Chauve. Ce sont des dates et des noms qui entrent dans la tête et qui ressemblent à la racine carrée d'un nombre ou aux affluents de gauche de la Garonne. Les lectures parlent des mœurs des castors, de l'oisiveté qui ronge l'homme comme la rouille ronge le fer, et du petit Jean qui cause avec le vieux Thomas sur les bienfaits de la Troisième République. Nous avons appris que le grand-père du riche châtelain était serf au temps des seigneurs, et cela prouve qu'en notre siècle on peut arriver à la fortune et aux honneurs par le moyen du travail et de la probité.

Certificat d'études, je me souviens des dimanches où nous ne vous préparions pas. Beaux dimanches de rêverie, de promenades et de lecture, c'est pendant ces dimanches que s'est formée mon âme. Rêver à mille choses par la fenêtre ouverte de ma petite chambre et regarder le ciel et les fleurs et la prairie! Mes chers dimanches que j'ai dits, je me sentais vivre en vous! Aujourd'hui c'est un jour sans dictées, sans problèmes, sans histoire et sans géographie. Mon cerveau est à moi et je m'en sers à ma guise pour me donner du bonheur. Mes sens sont à moi et je les sens vivre et je les entraîne là où les conduit mon cerveau. Souvent, mon cerveau les conduisait dans de beaux voyages que l'on trouvait dans les livres. Robinson Crusoé, quand vous étiez marin et quand vous fîtes naufrage, c'était beau comme une belle aventure.

Et l'île déserte, ô Robinson Crusoé, je la revois avec sa mélancolie, votre cabane, le ciel et les rivages! Vous deviez être bienheureux, Robinson Crusoé! Je ne comprenais pas votre philosophie et votre résignation. Je n'étais pas du même avis que votre perroquet lorsqu'il disait: Robinson, mon pauvre Robinson! Vous deviez être bien heureux, Robinson Crusoé! Et maintenant je suis triste parce que vous n'avez jamais existé. Vous étiez si bon et votre île était si belle que j'aurais bien voulu vous connaître tous les deux. Dormez en paix, Robinson Crusoé, loin de ce monde où vous n'avez pas vécu. Vous êtes un beau songe comme ceux des enfants de douze ans, et vous ressemblez aux songes d'un bonheur auquel je n'ai jamais goûté.

Il y avait d'autres livres encore. Il y avait des livres d'Histoire, car l'Histoire des bons livres raconte les guerres et les aventures des hommes. Elle n'est pas comme l'Histoire de l'école qui est maigre, avec des dates, des traités et des successions, mais elle montre les gestes de la France qui font du bruit et ses habits de soldats qui plaisent aux enfants. Je lisais des récits de voyage. J'ai bien connu Bougainville, La Pérouse et M. le bailli de Suffren. Les îles et les continents contiennent des aventures où l'on est fort et victorieux et d'où l'on revient plein de gloire. Le roi de France vous accueille et vous nomme amiral et chevalier de Saint-Louis. Je pensais déjà au plaisir qu'en aurait maman. Il y avait un récit dans lequel un mousse breton revient avec le grade d'officier, et sa mère a du mal à reconnaître Yvonnet dans ce beau marin bronzé par le soleil d'Afrique.

Et voici comment était le monde à l'époque de mes douze ans. Le monde palpitait et brillait. J'étais tout neuf avec mes ailes. Je n'ai jamais vu d'ombre sur les choses, car les choses de la vie sont comme les choses de notre âme, brillantes et qui palpitent. Mon expérience était petite, si petite que j'en souris parce qu'alors je la croyais grande. Mes livres l'avaient formée à leur image: les livres de voyages lui disaient qu'il faut être marin, les livres d'histoire qu'il faut être au moins général, et tous qu'il faut avoir un uniforme afin de battre les Nations. Je voyais rouge comme un soldat et j'aurais bien voulu que la terre fût bouleversée, pour montrer ma valeur et pour établir ma puissance.

Mais il était bien drôle que ce beau guerrier eût peur à coucher seul et qu'il eût encore besoin de sa mère.

Maman, c'est à douze ans que j'ai commencé à te comprendre. Je t'ai comprise ainsi que j'ai compris notre petite ville et notre maison, c'est-à-dire avec beaucoup d'idées intéressées, mais aussi avec quelques idées indépendantes. C'est à douze ans que j'ai commencé à te voir.

Maman, tu es toute petite, tu portes un bonnet blanc, un corsage noir et un tablier bleu. Tu marches dans notre maison, tu ranges le ménage, tu fais la cuisine et tu es maman. Tu te lèves le matin pour balayer, et puis tu prépares la soupe, et puis tu viens m'éveiller. J'entends tes pas sur les marches de l'escalier. C'est le jour qui arrive avec l'école, et je ne suis pas bien content. Mais tu ouvres la porte, c'est maman qui vient avec du courage et de la bonté. Tu m'embrasses, et je passe les bras autour de ton cou et je t'embrasse. C'était le jour qu'accompagnait l'école, maintenant c'est le jour que tu accompagnes. Tu es une bonne divinité qui chasse la paresse. Tu entr'ouvres la fenêtre, et l'air et le soleil c'est toi, et tu es encore le matin et le travail. Tu es, ici, à la source de mes actions, et tes gestes me donnent mes premières pensées et ta tendresse me donne mon premier bonheur.

Maman, j'ai douze ans et je commence à te comprendre. Je te distingue des autres mères comme je distingue ma maison des autres maisons. Tu devins une femme particulière dont je connus les habitudes et alors je m'aperçus que tu étais meilleure que les autres femmes. Maman, tu es travailleuse. Le travail de mon père est celui qui nous donne la vie et ton travail consiste à l'ordonner. Le bruit de ta besogne est le bruit du temps qui passe chaque jour avec des repas, du travail et du repos. Tu veux que rien ne manque, et tout ton corps, et tes mains et tes yeux et tes jambes s'occupent à ce soin et je sens que tu en as fait les serviteurs de notre vie et les ordonnateurs de notre joie. Il y a la vaisselle, il y a le ménage, il y a la cuisine. Il y a le puits plein d'eau que tu puises, il y a le balai et la lessive. Il y a les commissions chez l'épicier, chez le boucher et chez tous les marchands. Il y a le raccommodage et la confection. Ce sont des travaux simples qui s'étendent devant ta vie et que tu accomplis sans cesse. Après chacun d'eux, tu regardes le suivant et tu pars où il te conduit, docile et calme. Tu franchis le temps et tu n'as jamais les mains vides.

Et je te vois, maman. Je te vois avec ton front de bonne femme qui renferme quelques idées, avec tes yeux de ménagère qui ne regardent pas plus loin que la maison, et avec tes lèvres de mère mobiles et douces. Je te vois avec tes joues tendres où mes baisers s'enfoncent. Je vois tes mains un peu rugueuses que la vie a frottées avec tous ses travaux. Et ton bonnet entoure ton visage et limite son contour comme tes sentiments entourent ta vie et limitent ses actions. Le soir, tu te fais un peu plus belle, et tu prends un bonnet gaufré. Je préfère celui qui est orné d'un ruban de velours noir. Tu es assise, tu es bien propre, tu fais partie de la chambre, et comme elle, on dirait que tu reluis. C'est comme cela que je t'aime. Tu n'es pas belle comme une femme, puisque tu es maman.

Maman, lorsque tu es assise à la fenêtre, tu couds et tu penses. Je sais bien à quoi tu penses. Tes pensées ressemblent à une allée de vieux tilleuls où c'est toujours plein d'ombre, et tu t'y promènes en respirant. Tu t'y promènes parce que le jour est gris, parce que ton âme est calme et parce qu'une âme calme n'aime pas les changements. Tu penses à la chemise que tu couds, à un gilet, à un pantalon ou à la soupe du soir. Tu te dis: Il va falloir à cinq heures que je coupe mon oseille pour faire de la soupe à l'oseille. Tu écoutes mon père qui fait des sabots et tu causes parce que causer fait du bien. La rue entre dans ta pensée avec ses poules et ses passants. Les poules tiennent compagnie aux solitaires et les passants leur donnent des émotions. Tu penses à hier, à aujourd'hui, à demain, au temps qui marche et qui traverse les événements sans qu'on s'y attende.

Mais surtout tu penses à moi. Tes autres pensées sont les pensées de toutes les femmes qui continuent à vivre, sans savoir pourquoi, simplement parce qu'elles ont commencé. Lorsque tu penses à moi, maman, ta vie est une chose nécessaire. Tu veux vivre, non pas tant pour me voir grandir que pour m'aider à cela. Ton cœur est plein de forces et tu veux toutes les employer. Ton cœur est beau comme un monastère où tous les moines à genoux s'unissent pour envoyer à Dieu chacun sa pensée et pour lui faire entendre qu'il est le bien-aimé chez les hommes. Tu m'aimes comme la fin de toutes choses. C'est un dépôt que la nature t'avait confié et elle t'a dit: Femme, je t'ai donné un fils auquel tu apprendras mes lois, je l'ai déposé dans ton sein parce que je suis bonne et pour que tu lui apprennes à me connaître. Alors, maman, tu n'es plus une simple femme qui coud et qui pense, tu es la mère d'un enfant de douze ans, tu te recueilles et tu travailles pour l'Humanité, toi qui prépares un homme.

CHAPITRE CINQUIÈME

Mais, douze ans, parfois l'Avenir les guette et s'en empare. L'Avenir est un vieil homme qui nous regarde et un très vieil homme qui sait nous regarder selon nos désirs. L'Avenir a deux faces. Avec sa face d'expérience, pour regarder nos mères, il se fait riant et sérieux à la fois, et puis il est impérieux: moi, je suis l'Avenir, et il faut compter avec moi. Avec sa vieille face, pour nous regarder, il se fait enfantin. Des clochettes à son chapeau, dig din don, c'est le bonhomme Avenir qui vient voir ses enfants et qui les conduira dans son pays. Il est notre protecteur et notre camarade. Il a la confiance de nos mères, et nous qu'il a charmés, il nous prend par la main sur la grand'route et nous conduit là-bas. Là-bas, vieil Avenir, j'ai cru que c'était le Bonheur. Maintenant, je te connais bien, c'est toi qui nous entraînes et qui nous empêches de goûter l'instant.

L'Avenir a pris des habits solides qui inspiraient confiance et au milieu desquels il garda un visage massif comme les personnes dont c'est métier de donner des conseils. Il entretint maman.

—Madame, vous avez un garçon de douze ans. Je le connais, puisqu'il est le premier à l'école. Mon métier, à moi, consiste en cette connaissance des enfants, et il consiste encore à les trier et à les diriger où il le faut. J'ai mis votre enfant à la tête des autres parce qu'il est intelligent, et je l'ai mis un peu en dehors à cause de sa petite taille et à cause de son visage. Vous savez, madame, que les hommes ordinaires, la vie les juge à leur visage, et c'est pourquoi vous ne devez pas laisser votre enfant parmi les hommes ordinaires. Vous vous dites que ceux qui sont faibles peuvent être cordonniers ou garçons coiffeurs, mais cordonnier c'est malsain, et garçon coiffeur il y a des jours où c'est fatigant. Et puis être défiguré... Madame, il faut s'y prendre de bonne heure. Je suis comme l'instituteur qui enseigne que l'Etat offre des bourses dans les lycées aux enfants comme le vôtre. C'est un bienfait, madame, dont vous allez profiter. Votre fils sera bachelier et les bacheliers, ce sont les médecins, les vétérinaires et les conducteurs des Ponts et Chaussées. La vie leur est bien douce, et quel bonheur d'avoir un métier qui remplace la fortune et qui donne tant de considération que l'on peut se passer d'être beau!

Maman pensait à ces paroles du vieil Avenir.

Ensuite l'Avenir vint me trouver. J'ai bien retenu sa physionomie parce que des rides s'y mêlaient, diversement passionnées comme mes espérances, et parce que son chapeau était un chapeau chinois à clochettes. L'Avenir n'était pas un seul homme, car il ressemblait à plusieurs personnes que je connaissais. Ses rides étaient multiples comme ses clochettes, et chacune avait sa forme, chacune avait son tintement. Tu marches, tu viens à moi, tu t'arrêtes. Je regarde ton visage qui s'anime, j'entends les clochettes de ton chapeau. Tu es beau comme un spectacle, et c'est celui de mes rêves qui défilent. Tu fronces les rides de ton front pour être grave, tu me regardes jusqu'au fond de mes sentiments, alors tu ressembles au médecin, tu es riche et savant. Tu te fais une patte d'oie autour des yeux, tu diminues tes lèvres et tu rentres tes joues afin d'être un notaire, et puis tu t'asseois dans ton cabinet pour que viennent t'y trouver les intérêts de tes concitoyens. Tu prends de gros souliers, de grosses joues et un gros sang rouge, tu marches vite pour ressembler au conducteur des Ponts et Chaussées, et parfois tu regardes dans des instruments. Tu ne me plaisais pas beaucoup dans ce cas-là. Mais tu t'avançais avec un sabre et des bottes, tu étais rouge et bleu, tu faisais tinter toutes tes clochettes. C'est un officier qui s'avance au milieu des éléments. Il brille plus que le monde, il fait du bruit comme les gros animaux dont les mouvements font plus de bruit que ceux de cent petits animaux: Hola! C'est moi qui suis le capitaine de hussards, fils du notaire. C'est moi qui suis Bougainville, La Pérouse et Monsieur le bailli de Suffren. Les îles, les vaisseaux et la guerre m'entourent, que l'on bombarde, que l'on commande et que l'on aime parce qu'ils sont pleins de gloire. Viens au collège où je t'attends et d'où je rayonne avec toutes les formes qui t'ont plu. Viens, c'est moi qui suis le bon Avenir, celui qu'on trouve aux écoles militaires et qui plaît aux hommes parce qu'il est riche et doré. Je suivais cet Avenir et je voyais encore plus loin que ses paroles.

Voici pourquoi je subis le concours pour l'obtention des bourses dans les lycées et collèges.

La rentrée! Au mois d'octobre, pour les nouveaux collégiens, la rentrée est pleine de nouveautés, et puis elle est le commencement de l'Avenir. Je suis avec maman dans le train qui nous conduit au lycée. Des champs, des gares et des villages s'en vont derrière moi bien vite et la Ville s'avance, la bonne Ville-au-lycée, devant laquelle s'enfuient les champs, les gares et les villages. Mais mon cœur va bien plus vite encore, puisqu'il est arrivé déjà. Je vois la Ville et le lycée, non pas comme des choses en pierre, mais comme des personnes accueillantes qui ressemblent l'une au sous-préfet, l'autre au proviseur. Ma bonne maman, j'étais heureux parce que j'allais te quitter. Au coin du feu, ma vie s'était ennuyée, mes rêves avaient bouilli, et maintenant, mes rêves entraînaient ma vie dans l'espace. Ma bonne maman, j'avais douze ans, je connaissais quelques circonstances et je me croyais expérimenté. Moi, assis à ton côté, je pense que ce soir, lorsque tu m'auras quitté, je serai mon maître avec une bourse, avec des idées et des gestes qui seront à moi, puisque personne ne les surveillera. Je pense à mes camarades, aux récréations et aux promenades pendant lesquelles on joue à des jeux de lycée qui sont plus savants et plus beaux que ceux de l'école. Je pense aux professeurs qui enseignent des sciences, grâces auxquelles on est intelligent et distingué. Je pense à tout ce que je ne connais pas et que j'espère. Toi, tu es le passé, tu représentes le vieux champ borné que j'ai parcouru, moi je vais à l'Avenir. Je vais à l'Avenir, comme on part à douze ans, avec trois sous dans son bagage et parce qu'on croit le monde pavé d'or.

Toi, maman, tu penses aussi. Le train court vers la ville et fait courir ton imagination dans ta tête. Elle laisse derrière elle les champs, les gares et les villages; elle n'est plus à mon côté, car notre imagination devance la douleur. Pendant que mon âme habite le lycée où nous allons, ton âme habite la maison que j'ai quittée. Tu sens que les murs seront davantage des murs, que les chaises ne seront plus que des chaises et que le lit où je couchais s'étendra, vaste et vide comme une âme en peine. Tu sens que ta vie se heurtera aux murs et s'ennuiera sur les chaises parce que le lit est vide et parce que les choses sont des êtres qui se répondent. Les murs te diront: Vois, nous sommes nus. Les chaises te diront: C'est ici qu'il s'asseyait et qu'il lisait un livre, car il était un bon petit enfant studieux. Le lit dira: Je suis inutile comme un mort. Moi, je serai tout seul au lycée. Je serai mon maître avec une bourse, des idées et des gestes que tu ne pourras pas surveiller. Les enfants ne savent pas être des camarades et leurs jeux sont durs comme des combats. Et puis, mon petit, les jeux sont bons, mais l'amour d'une mère est bien meilleur, lui qui vous couvre les épaules et qui vous tient chaud à tous les instants. Les jeux c'est du plaisir, mais l'amour d'une mère c'est du bonheur. Certes, il est beau que le fils d'un sabotier s'instruise au lycée. Il ne fera pas un sabotier comme son père, dont les sabots sont pleins de peine. Mais pourquoi faut-il qu'il nous quitte! Voici l'Avenir qui commence, mais le Passé valait bien mieux. Tu penses à tout ce qui était et qui ne sera plus. Tu penses à tout ce qui sera et tu t'en défies. Un lycée, c'est une maison de confiance, mais il ne faut se confier qu'à soi-même. Je suis un enfant de douze ans qui s'en va seul, avec trois sous dans son bagage, pour un monde difficile où il faut que l'expérience soit riche comme un tonneau d'or.

C'était un grand lycée de pierre où j'ai beaucoup souffert. Les pierres des lycées neufs sont froides et les lycées neufs sont pleins de pierres. Une galerie faisait le tour de chaque étage, dont les dalles sonnaient sous nos talons comme des pierres qui parlent. Parfois, il n'y avait pas de pierres, mais c'est qu'alors il y avait des fenêtres. Les fenêtres étaient grandes, pleines d'air et pleines de vent. Fenêtres des lycées, vous vous ouvrez sur des cours, vous êtes grandes et vides, avec deux ou trois petits arbres et vous êtes grandes et vides comme un désert. Vous êtes trop claires encore, et nous n'avons pas besoin de cette clarté dans nos salles parce qu'elle nous montre trop bien le silence, les livres et la discipline. Mais les dortoirs! Les dortoirs étaient cirés et rangés et froids. Trois rangs de lits égaux, des fenêtres égales et des lavabos à cuvette se tenaient raides et durs en un alignement qui faisait deviner la règle. Le sommeil qu'on y dort est un sommeil ordonné, sous l'œil d'un pion, et qui ne ressemble pas à l'Ange du sommeil qui prend les âmes et les porte en des pays. Le sommeil du dortoir nous laisse au lycée pour nous y reposer avec méthode.

 Un enfant vient de quitter sa mère le jour de la rentrée. C'est une porte qui claque brutalement alors que c'est une mère qui s'en va. Je souris, parce que la porte s'ouvrait sur l'avenir, maman était triste parce que la porte se fermait sur le passé. Je souris, j'avance avec mon cœur, l'air est plus doux et vient en moi, et vient jusqu'en mon cœur. La soirée d'automne suspendait une atmosphère au-dessus des cours, à laquelle le ciel bleu semblait mêlé, puis, baignant les bâtiments monumentaux qui nous entouraient, s'exhalait religieuse et haute. Je n'ai jamais vu tant d'orgueil et tant de bonheur en moi. Oui, ces bâtiments je vais les habiter ainsi qu'un palais, moi le fils d'un sabotier, et je connaîtrai toute la science qu'ils contiennent. Deux ou trois élèves étaient rentrés. Des anciens. On accueille un nouveau sans moquerie et sans curiosité, avec le bon désir de s'habituer à un camarade. Ils causèrent. Les camarades dont ils parlaient, je gardais leurs noms, à force d'attention, et je les mettais dans mon cerveau pour commencer à vivre au milieu d'eux. Ils parlaient de leurs classes. Il y avait des noms, rhétorique et philosophie, dont je ne comprenais pas le sens et qui semblaient enfermer un enseignement si élevé que je n'osais pas même en rêver. Un élève dit qu'il passerait son baccalauréat ès-sciences l'année suivante. Je le contemplai comme un grand homme. Un pion nous surveillait. Je le regardais à la dérobée, pensant qu'il était professeur, pour voir comment est faite la physionomie d'un savant. Que la soirée fut courte! Tous les hommes, toutes les choses et toutes les paroles entraient dans mon cœur comme un sentiment. Puis nous mangeâmes, puis nous allâmes au dortoir, et la nuit fut bien longue qui me séparait du lendemain où je devais vivre un jour désiré.

 Le lendemain me donna son spectacle et me plut ainsi que toute nouveauté plaît aux enfants. Le matin, la messe du Saint-Esprit nous réunit dans la chapelle du lycée, avec les professeurs en redingote noire, et qui avaient l'air graves et distingués comme leur redingote même. Puis il y eut une récréation pendant laquelle je me mêlai à quelques-uns de ceux que j'avais connus la veille. Promenades en rond, conversations à souvenirs des anciens, et nouvelle existence à laquelle on essaie de plier ses goûts! Il y eut le repas dans un grand réfectoire en marbre, et l'on nous donnait de la soupe, de la viande et des légumes. Le soir, il y eut la classe. C'est pour la classe que je suis venu ici, et je m'assieds au milieu des autres, avide et curieux. Le professeur portait une grande barbe noire comme on n'en porte pas dans nos pays, parce qu'elle montre qu'on est sérieux et instruit. Il nous dicta une dictée pour connaître nos capacités. Les compositions sont trop impressionnantes, et moi qui avais toujours zéro faute, la classe, le professeur, la composition me troublèrent jusqu'au fond de mes facultés et me firent commettre huit fautes.

Lorsque, plus tard, j'appris cela, et que je fus classé le treizième, j'en conclus que toute composition du lycée est plus difficile et toute science plus élevée que les compositions et les sciences de l'école. Mais être treizième porte bonheur parce que cela donne envie de gagner douze places.

Le surlendemain ma vie commença. Nos enthousiasmes s'éteignent et vont à l'eau et s'y plongent et la sentent autour de leur bouche pour noyer leur voix. Le surlendemain, après avoir assisté aux classes, je vis bien ce qu'étaient les classes avec leur science froide qui tombe. Je vis les récréations où des enfants causent, puis ne causent plus, parce que les enfants ne savent pas causer longtemps. Je vis les récréations où la promenade autour des murs, des bâtiments et palissades continue le soir après avoir commencé le matin, triste comme une vieille femme noire qui fut une jeune femme blanche. Je vis les études, le pion à son pupitre, les bancs, les tables, les livres et la loi qui nous rappelle le travail et la discipline. Oh! les livres et la science! Auprès de ma mère ils s'asseyaient et ils n'étaient pas loin d'être mes frères parce que mon cœur était attendri et qu'il aimait toute chose. Le pion dit: Travaillez donc, un tel! Et c'est un ordre implacable qui nous apprend que personne ici ne nous aime et que le travail est dur puisqu'on a besoin de nous l'imposer. Je vis cela dès le surlendemain de la rentrée.

Puis je connus la solitude, toute la solitude des enfants. Avez-vous connu la solitude à douze ans? C'est une pauvre solitude qui grelotte et s'asseoit parmi les autres solitudes. Les solitudes de douze ans ne s'unissent pas entre elles, car elles sont faibles et n'aiment pas le bruit. Si l'on s'unit, c'est lorsqu'on lutte et non pas lorsqu'on souffre. Les classes s'unissent aux récréations et s'unissent aux études, elles qui nous combattent afin de secouer nos pauvres solitudes. Elles se dressent, parlent et nous emmènent. Les classes sont méthodiques et je les écoute, mais il faut être joyeux pour aimer ce que l'on écoute.

Il y a surtout l'étude. Je n'oublierai jamais les études du lycée. Non, ce ne sont pas les livres qui font souffrir. La science est trop froide pour être bonne ou mauvaise, mais nous pourrions nous y intéresser. C'est le pion qui fait souffrir. On dit que la discipline des lycées est paternelle: le pion c'est la discipline, et le pion n'est pas notre père. Le pion ce sont des yeux froids qui nous surveillent et une voix raide qui nous rappelle à l'ordre. Le pion c'est le règlement, c'est la nécessité, c'est la loi, c'est la main qui nous empoigne. J'ai douze ans, j'ai besoin d'amour et vous me donnez un pion. A toute ma fantaisie, à mon âme et à mon cœur vous donnez un pion. Je suis faible, mais un pion ne me soutiendra pas puisqu'il n'y a que l'amour qui soutienne un enfant. Un pion c'est comme un adjudant qui peut nous haïr mais qui ne peut pas nous aimer. Vous me faites étudier mes leçons sous l'œil de cet homme: ma vie est triste, les leçons sont froides et cet homme est mon ennemi; alors les leçons, qui étaient déjà froides, deviennent tristes et je les hais comme ma vie et comme le pion.

Il y a trois jours, l'atmosphère du lycée était bleue lorsque j'entrai dans la cour; et les trois jours ont passé. Le premier était bleu comme une fête et comme la première communion, et j'étais blanc dans le jour bleu. Le second était sérieux et toujours bleu, comme une draperie bleu-sombre que l'on tend au passage d'un cortège. Et le troisième jour il y eut tant de vent que la draperie s'envola. Les trois jours sont trois frères, et le premier rit, et le second regarde, et le troisième pleure. Elle a fini ma joie d'un jour, dans un lycée, auprès d'un pion, entre quatre murailles qui bornent la classe, qui bornent la cour et qui bornent mon rêve.

J'habite un beau lycée. Les habitants de la ville sont orgueilleux de leur gare et de l'avenue de la gare qui conduit au lycée, mais du lycée même ils sont plus orgueilleux encore. On dirait un palais parce qu'il est immense, parce qu'il a treize paratonnerres. Sa façade est précédée d'une grille et d'une cour dans laquelle deux rangs de caisses de lauriers font la haie et conduisent les visiteurs sur le seuil et sous un drapeau. La cour d'honneur est sablée et ne sert que dans les grandes circonstances, comme un riche et comme un homme plein d'honneur... C'est un beau lycée avec de grands couloirs, de grandes salles, de grandes cours. Maman disait: J'espère que tu seras fier d'habiter là-dedans. Il y a un concierge et toute une domesticité, car nous sommes ici pour étudier. Les hommes d'études n'ont pas le temps de s'occuper de la vie matérielle et puis, comme l'étude enrichit, ils n'en auront jamais le besoin. Maman disait: Tu seras servi comme un bourgeois.

Oui, j'étais servi comme un bourgeois, parmi les fils des bourgeois, et dans un lycée où l'on enseigne toute chose, cela m'apprit à être servi. Mais, lycée monumental et votre orgueil, combien vous étiez petit à côté de mon ennui! Vous auriez bien voulu m'attendre lorsque vous gonfliez vos couloirs, vos classes et vos titres, comme la grenouille qui veut se faire aussi grosse que le bœuf. Vous dressiez vos treize paratonnerres et votre fronton et vous disiez: Vois comme j'ai l'air riche. Et dans vos cours on sentait que vous auriez bien voulu nous amuser. O lycée! je ne pense pas que vous étiez un mauvais lycée et vous auriez désiré me prendre et me guider avec votre lumière: Tu seras bachelier, tu seras un beau jeune homme qui connaîtra les belles manières et qui brillera de tout mon éclat. Vous changiez vos paroles tous les matins et vous les habilliez comme des soldats, comme des médecins, comme des notaires et comme des bacheliers. O lycée, que vous perdiez vos paroles. J'ai douze ans. Vous connaissez les sciences, mais vous ne connaissez pas les enfants de douze ans. Vous ne savez pas, lycée froid, que je suis frileux. Vous m'enseignez tout ce qu'il faut pour avoir un bel avenir, mais vous ne savez pas que la souffrance est sacrée, vous qui me faites souffrir au nom de l'Avenir! Vous m'avez cru sur parole lorsque je vous ai appelé et vous vîntes, lorsque j'appelais mon rêve, avec vos bottes de sept lieues. Vous ressembliez à l'ogre et je vous avais pris pour un chevalier! Vous vouliez bien nous lâcher un jour, mais vous vouliez nous garder sept ans auprès de vous.

O lycée, votre souvenir est à la tête de mes mauvais souvenirs, et lorsque j'en remue les cendres, je les trouve encore chaudes de votre ennui. Il est un autre coin de mes idées que vous avez atteint, là où devaient être les premières ferveurs et l'activité, mais une ombre les couvre, qui est la vôtre, et qui m'a marqué dès l'origine pour l'ennui et pour la douleur passive. O lycée, mes bons moments sont ceux où je vous quittais!

Je vous quittais pour aller penser à maman. N'ai-je pas dit que vous vouliez me retenir par vos rêves, par votre luxe et par votre mouvement? Mais je vous quitte. Il y a huit jours, j'étais encore chez moi, à six heures du matin, comme un enfant dans son lit, au fond du duvet, au fond du sommeil. A huit heures, maman m'éveillait avec des douceurs. Et puis il y avait la soupe épaisse et bonne qui nous ressemblait un peu et de laquelle nous approchions, le cœur ouvert, parce que nous la connaissions. Je me rappelle que le dimanche était plus beau et que maman faisait un chocolat qui semblait une soupe endimanchée. Ensuite la journée, ayant ainsi commencé, devenait notre amie. Les journées de douze ans, auprès de notre mère, ouatées dès l'aube, se poursuivent et sont tendres, avec une soupe chaude et des sentiments protecteurs. Il le faut pour notre bonheur.

Il y a huit jours, j'étais encore chez moi, à six heures du matin, comme un enfant dans son lit, au fond du duvet, au fond du sommeil. Vous m'avez pris sur ma couche, vous m'avez porté dans vos dortoirs et vous m'avez enlevé toutes les tendresses nécessaires. Vous m'éveillez au son du tambour, avec vos baguettes. Pan, pan, pan! et le tambour n'étant pas assez brutal, le pion tape dans ses mains et nous arrache de nos draps. Pauvres levers de douze ans, qu'ils sont tristes alors que le matin nous éveille avec ses baguettes! Nous sortons de nous-mêmes et nous voyons le dortoir, son eau froide et la journée qui commence au son du tambour. Les matins du lycée nous enlèvent un peu de bonheur qui venait du sommeil et nous donnent à l'avance tout l'ennui que produira la journée.

Je me lève, je m'habille, je me lave et je pense à tout ce qui me manque. Je sens mes douze ans au fond de moi-même et je les entends parler. Ce sont deux petits enfants qui crient. L'un se plaint et l'autre appelle. Le premier dit: C'est le pion qui me pressure et qui sur moi met ses deux poings, c'est l'étude et c'est la classe qui sont froides et qui viennent à moi comme du vent. Le second s'enferme au fond de mon cœur, loin du pion et loin du vent. Il est si délicat, il savait sentir l'amour de sa mère, et c'est pourquoi il souffre tant de la souffrance. Lorsque j'entrai au lycée, le premier me conduisait à l'avenir et maintenant le second me ramène au passé. Petit cœur au fond de mon cœur, où il fait chaud, je le sens et il revit tous mes anciens sentiments.

Maman est une bonne femme, à petits pas, qui porte un tablier et des jupes, qui travaille et qui marche dans sa maison. Je voudrais bien que vous connaissiez son visage où sont deux yeux qui m'aiment, des lèvres qui me baisent, des joues pour mes lèvres et un front qui pense à moi. Cela, je le sens. Je ne te vois pas avec ton apparence matérielle, mais je te sens avec tes qualités. Tu es belle comme le souvenir d'une belle existence, alors qu'on avait une chambre et un foyer, et tu me réchauffes encore. Je pense à toi pour occuper ma pensée quand je suis triste et si le pion gronde je me console de sa colère et de sa haine en disant: Oui, mais il y a maman qui m'aime. Sais-tu que tous les matins, je suis tes actions et j'imagine celles que je ferais à ton côté: Là maman trempe la soupe et si j'étais là-bas, je m'assoirais sur la petite chaise en attendant que la soupe soit trempée. Je pense à nos voisins et à mes anciens camarades d'école qui sont bien heureux parce qu'ils peuvent te voir chaque jour.

Nous sommes séparés pour longtemps. Il y a bien des vacances, mais il y a surtout sept années d'études qui s'allongent devant mes yeux et sont toutes grises le long des murs, parmi les pierres, avec l'immobilité de leur ennui. Où vont-elles, au fond du couloir, dans l'ombre que je ne connais pas, où vont-elles, les sept années qui m'éloignent de ma mère? Il faudrait bien qu'un cataclysme vînt bouleverser le temps. Je pense à tout ce qui peut se produire.

En vérité je vous le dis, il y eut un jour où le professeur nous avait lu «da Voulzie» par Hégésippe Moreau et nous avait appris que ce poète mourut à l'hôpital à vingt-huit ans. La Douleur et la Mort se regardent. Je pensai: Si je devenais malade et que je dusse mourir, je voudrais bien être poitrinaire et m'en retourner chez moi où je vivrais six mois encore auprès de maman. Et je voyais six mois longs comme l'éternité parce que chaque instant de maman comportait un bonheur infini. Il y avait d'autres choses en classe, comme un morceau de Chateaubriand qu'on appelle: «Le retour à la maison paternelle», et qui dit que la vie disperse les membres d'une famille: «Le chêne voit germer ses glands autour de lui, il n'en est pas ainsi des enfants des hommes.» Je sentais cette pensée comme un sentiment et parfois je me la répétais le long des cours pour bien la graver en moi et pour donner à mon malheur une portée universelle. Un autre morceau de Chateaubriand parle de l'Ecossais et dit qu'il meurt à l'étranger: «C'est une plante de la montagne, il faut que sa racine soit dans le rocher.» Je crus que je ne pourrais pas vivre au lycée: «Je suis une plante de la campagne, il faut que ma racine soit dans un champ.»

Retourner, oh! retourner auprès de toi! J'ai souffert et je n'en avais pas l'habitude, et j'ai tant souffert qu'il me semble que je t'aie quitté depuis longtemps. Ce sera «mon retour à la maison paternelle». Je viens de dire que les vacances n'avaient pas beaucoup d'importance, mais je me suis trompé puisqu'elles se passent à ton côté. Les vacances sont bonnes comme tout ce qui t'entoure. J'évoquais ton visage et tes baisers. Or, les vacances sont ton visage et tes baisers.

 Un de mes camarades, sachant que je passais près de chez lui pour aller en vacances, dit: «Tu t'arrêteras à la maison et tu y resteras une demi-journée. Nous déjeunerons et nous mangerons de la charcuterie et des gâteaux.» Quoiqu'il fût un garçon riche et que je fusse curieux de connaître les salles à manger et les repas des riches, je n'acceptai pas son invitation. Je pensais à toi et je ne voulais pas m'enlever une minute de ta présence.

CHAPITRE SIXIÈME

Mais aujourd'hui j'ai quinze ans, et l'Avenir qui vint me trouver jadis est mon hôte. Nos quinze ans au lycée se calment parce qu'ils ont un peu la force des hommes et peuvent vivre au loin de l'appui maternel. C'est à quinze ans que l'on devrait quitter sa mère. On dit que le mauvais temps passe et qu'un enfant de douze ans, à cause de son imagination voyageuse, trouve le chemin du bonheur. Et l'on ne s'en inquiète pas, dans le monde. Si nos mères nous regardent, elles voient la souffrance, mais le monde n'en tient pas compte et parle de la nécessité de la souffrance; nous avons tous passé par là; c'est la vie. O philosophes, qu'avez-vous fait des trois dernières années de mon enfance! Vous leur avez construit un lycée que vous avez tapissé de vos principes: Mon enfant, c'est pour ton bien. Vous avez dit: Tu sacrifies le bonheur de ton enfance, mais cela ressemble à ton père lorsqu'il place de l'argent qui lui revient un jour avec des intérêts. O philosophes! l'Avenir ne m'a rendu ni le capital ni les intérêts. Jamais il ne les a rendus à personne. Les joies de notre enfance ont un goût qui demeure et une substance qui nourrit les hommes. Moi, qui en fus privé, me voici pâle, or il n'est pas de suralimentation du bonheur qui nous redonne le bonheur intégral et l'énergie que nous avons perdus.

J'ai vu des garçons qui, parmi nous, vinrent à quinze ans. Je connais leur existence des premiers jours et je vous dis qu'ils n'ont pas trop souffert de la solitude et du lycée. C'est qu'à quinze ans notre âme vigoureuse sait lutter avec des âmes camarades qui la fortifient, et notre âme résistante peut se heurter à l'âme du pion qui ne la blesse pas plus loin que la surface. Si l'on disait qu'à douze ans il faut s'habituer aux usages et connaître les sciences du lycée, ce serait mentir, puisque des garçons de quinze ans vinrent parmi nous, qui n'ont pas souffert de notre ennui et qui devinrent aussi bien que nous les premiers de la classe. Il faut dire encore que les enfants de quinze ans, moins mobiles que ceux de douze, ne sont pas autant gênés par les fardeaux de la discipline.

Pour moi la Destinée, tout autre, doua mes quinze ans de malheur et de passivité. Il y a l'habitude. Dirai-je que j'ai souffert? Les vieux forçats ne souffrent pas non plus. Ils travaillent depuis si longtemps qu'ils ne savent plus ce qu'est le repos, et ils ont tant marché qu'ils n'ont plus envie de courir. Je crois quand même avoir connu plus de joie qu'ils n'en connaissent, à cause de mon frère l'Avenir.

Je vis à côté de l'Avenir bien plus qu'à côté du présent. Mon frère l'Avenir est un frère jumeau qui serait vif et sérieux. Mon frère me prend le matin avec un regard très bon, alors je regarde mon frère au lieu de regarder le pion. Il fait les études assidues, il fait les classes attentives, il fait aussi le professeur bienveillant. Quand je suis le premier en composition, mon frère me dit: C'est comme cela que je t'aime, parce que tu te rapproches de moi. Soyez loué, mon frère. Vous étiez jadis un chapeau chinois à clochettes, pour me plaire car j'étais un enfant. Vous êtes maintenant mon frère l'Avenir, et je vous vois entre moi et les maux.

Vous faites le professeur bienveillant, mais je crois que vous faites aussi le pion plein de haine. Les ratés et les retardataires souhaitent que toute Destinée soit mauvaise, afin d'avoir des compagnons de malheur. Je sais que le malheur est sacré, je sais encore que les ratés et les retardataires sont d'anciens hommes innocents. Je voudrais baiser un forçat et lui dire: «Tu es sanctifié, je t'aime comme je t'eusse aimé quand tu étais un enfant. Je t'aime parce que toute la douleur humaine est tombée sur ta face et l'a défigurée.»

Mais comprendre le malheur n'empêche pas de détester le mal. Et puis les pions sont des forçats, mais sont des gardes-chiourme. D'ailleurs il y a des hommes si méchants qu'au fond de nous-mêmes une joie, immonde sans doute, tressaille et approuve la destinée: Tu es pion, mais tu l'as bien mérité.

Il en est un qui empoisonna mes quinze ans. Je vois cet homme jaune et chauve, avec sa calvitie vieillissant ses vingt-quatre ans comme un mauvais sentiment vieillit notre âme. Son nez substantiel et courbé, son menton, sa barbe jaune et son front semblaient des os et des poils comme ceux des bêtes inhumaines. Ses yeux, implacables et rigides, se posaient sur nous, pareils à du froid bleu, et ses grosses mains aux gros doigts, on les eût prises pour des poings. Je vois cet homme avec sa correction. Vêtu comme un homme civilisé, sans doute faisait-il l'admiration des garçons de café ou l'envie des jeunes filles et peut-être même disait-on: Monsieur un tel est toujours propre et il a l'air convenable.

J'aurais voulu que vous le vissiez au milieu de nous, là où ses vêtements élégants contrastaient avec sa méchanceté. Il avait essayé toutes sortes d'apprentissages et surtout celui de comédien. Les comédiens qui font des poses et qui ont le geste de toutes les circonstances humaines sont enviés par les ratés, car le raté est un homme qui pose et qui se sent doué pour chaque circonstance. Le pion avait pris des leçons de déclamation qui lui firent obtenir un petit succès dans un théâtre d'étudiants, à Grenoble. Maintenant, il était comédien au milieu de nous. Il y a une façon de serrer les dents et d'avoir une voix nette pour aller jusqu'au fond de l'élève que l'on veut punir, et si à cela l'on joint de la froideur et un certain regard, les punitions deviennent cruelles et crient: Vengeance! Le pion s'exerçait à produire un tel effet. Il se servait de son habitude de la déclamation pour satisfaire ses mauvais instincts et se servait de ses mauvais instincts pour rendre sa froideur plus méchante. Je ne sais pas comment il se comporta au théâtre de Grenoble, mais je vous assure que chez nous il avait beaucoup de talent.

A l'époque où je le connus il était en outre auteur dramatique. Si dans le monde vous avez vu représenter une pièce qui s'appelle *Politique et horticulture*, je ne pense pas que vous l'ayez trouvée belle, parce qu'il n'y a que les hommes beaux qui sachent composer des belles pièces. Je me souviens encore qu'il fit copier par un nègre, élève de son étude, une nouvelle intitulée: *Le Châtiment*. Il s'y passe un événement extraordinaire, puisqu'un père, mort par la faute d'un de ses fils, alors qu'approche le coupable pour lui donner un baiser, détend ses muscles et lance un soufflet. On explique cela physiologiquement, mais on l'explique aussi mystérieusement afin d'obtenir une impression de terreur. Je pensais que si l'on châtiait ainsi ses persécuteurs et si le pion s'approchait du lit de mort de ses anciens élèves, il recevrait bien des soufflets.

Notre pion était homme de lettres. J'ai souffert à cause de la littérature. Il croyait, puisque j'étais un bon élève dans une classe de sciences, que je devais détester la littérature. Il me persécutait, comme on commet une bonne action, il poursuivait en moi le philistin et l'imbécile qui laisse mourir de faim les hommes de génie. En ce temps-là, je lisais les *Annales politiques et littéraires*, et le pion souriait avec supériorité parce que je ne devais pas y comprendre grand'chose.

C'étaient d'affreuses punitions que les punitions du lycée. Il y avait d'abord les «arrêts» qui nous prenaient nos meilleurs instants. Les arrêts se font pendant la récréation, être aux arrêts, c'est se promener en file, les bras croisés, silencieux, avec la présence d'un pion. Ils se composent d'une grande tentation, car près de nous les jeux se livrent à la joie, les conversations circulent, et les appels, et la liberté. Nous regardions ces choses en faisant nos arrêts, nous les regardions avec nos yeux tentés, comme un enfant infirme regarde par sa fenêtre les jeux, les mouvements et le bonheur. Les arrêts se composent, en outre, de fatigue et d'hébètement, parce que la marche ne repose pas le corps ainsi que les jeux et parce que le silence ne repose pas l'esprit ainsi que les conversations. Je ressens encore ces marches quand le temps se mesurait à nos pas et quand chaque heure comptait des milliers de pas. Le premier quart d'heure est bientôt passé, mais pendant le second quart d'heure, on commence à fatiguer ses jambes et ses idées. On arrête une pensée sur la borne-fontaine, où de l'eau coule, sur les fenêtres du réfectoire et sur le mur, on regarde les cabinets, la cour et les camarades, on attend que la demi-heure sonne, et quand la demi-heure a sonné l'on est triste parce qu'il faut attendre à sonner moins-le-quart, on est las parce qu'on ne sait plus à quoi penser et l'on sent marcher ses pauvres jambes sans but sous l'œil d'un pion qui contemple leur fatigue avec indifférence. Et nous avions douze, treize ou quatorze ans, nous avions ri pendant l'étude ou causé dans les rangs, nous avions suivi quelque pente de notre imagination; nous étions punis parce que nous avions douze, treize ou quatorze ans.

Pendant l'année où j'eus quinze ans, je passai toutes mes récréations aux arrêts. Il y avait la récréation du matin qui est fraîche, après la soupe, et qui entre dans les cerveaux, celle de dix heures, après la classe, qui nous fait danser comme des poulains échappés, et ces deux récréations sont les plus mauvaises pour les enfants punis parce qu'elles les privent d'un peu de leur jeunesse. Il y avait la grande récréation de midi et demie et celle de quatre à cinq. Sitôt qu'il y avait cinq minutes de récréation, il fallait que je m'en aille aux arrêts. Parfois je disais au pion:

—Mais, monsieur, vous ne m'avez pas puni.

Il répondait:

—Eh bien! je vous punis.

J'ai senti les yeux et les mains de cet homme pendant une année entière. Ses mains étaient des poings, mais ses yeux étaient plus durs que ses mains. J'entendais la voix de ses dents serrées, ses yeux passaient sur ma chair, la punition, énoncée avec clarté par un grand artiste qui ne déclame point, traversait l'air et faisait silence autour d'elle. J'ai dit que cet homme était méchant. Qui sait? Les tigres ne mettent pas de méchanceté dans leurs actes et mangent un homme simplement parce qu'ils ont faim.

Les arrêts étaient moins mauvais que le pion. Les arrêts ont le silence et marchent à pas égaux comme la méditation. On finit par oublier que l'on est aux arrêt. C'est Kant qui se promène dans l'allée de Königsberg, avec l'habitude du ciel et des tilleuls, et pour qui chaque pas est une pensée. Il a fallu trois ans pour m'habituer aux arrêts, puis les arrêts m'ont promené dans leur allée et m'ont rendu comme eux méchant et pensif. Mon premier orgueil, l'orgueil d'être un persécuté. J'ai sondé mon âme, j'ai vu qu'elle ne contenait pas de mal et que les hommes étaient injustes. Alors j'ai dit à mon âme: Va, c'est ton chemin qui te mène à la prison, mais suis ton chemin, puisque la prison ne te fait pas peur.

Il y avait aux arrêts mon frère l'Avenir. Mon frère l'Avenir se tient à ma droite et marche, et dans les arrêts qui tournent, marche, comme la délivrance auprès des prisonniers. Mon frère m'entraîne et c'est mon corps qui marche à pas égaux, c'est le Présent que l'on torture, mais l'esprit garde sa liberté et la Vie se compose d'Avenir. Qu'importe un pion et sa rage! Les fleuves qui coulent, souillés d'ordure humaine, coulent vers la Mer qui purifie. Les arrêts et leur ennui m'ont rendu plus grave, j'ai causé de choses sérieuses avec mon frère l'Avenir. On a dit que la souffrance était fortifiante, je le sais bien. A moi la souffrance a d'autant plus servi qu'il s'y est joint l'esprit de vengeance. Mais voyez comme la souffrance fait de mauvais enfants. En ce temps-là, je voulus être officier parce qu'un officier commande à des hommes. J'avais souffert et le pion m'avait montré toute son autorité, de sorte que je voulais avoir un peu d'autorité afin de faire souffrir les pions à mon tour. Le bel uniforme est un bonheur parce qu'à l'autorité il ajoute l'éclat. Je me voyais dans la rue, un sabre et un dolman, et mon regard serait plus brillant et plein de mépris, lorsque passant auprès du pion, je le regarderais en pensant : Homme vil et pion ! Il y avait des moments où je marchais comme si j'avais des bottes. J'eus l'orgueil de cet avenir et j'eus l'orgueil du présent qui comportait un tel avenir. Va, c'est ton chemin qui te mène à la prison, mais suis ton chemin puisque la prison ne te fait pas peur. C'est derrière elle que la gloire se cache et la gloire brille davantage sur le front d'un ancien prisonnier.

Si j'ai dit que les arrêts m'avaient rendu grave, ce n'est pas parce qu'ils voulaient que je fusse officier, mais parce qu'ils me donnaient du courage pour l'être. Théorèmes de mathématiques, vous n'étiez pas des théorèmes de mathématiques, je vous voyais comme un sabre et comme un dolman galonné. Je vous voyais comme de la vengeance et comme un regard méprisant que l'on jette à un pion. Je vous voyais comme une existence de gloire et de bonheur qui nous fait oublier les arrêts de nos quinze ans. Physique et chimie, histoire et géographie, je me suis penché sur vos livres qui me préparaient à la Vie. J'aimais moins les discours et les compositions françaises parce que le pion était un homme de lettres et parce que les officiers sont des hommes d'action qui n'aiment pas les phrases. Je fus le plus assidu à l'étude et le premier en classe. Cela même donnait au pion une rage froide, sentir que je lui échappais et me voir plus fort qu'une punition. Il y eut entre nous un duel, car ce pion croyait que les punitions pourraient me vaincre et ce raté voulait que je devinsse un raté comme lui. Sois loué, ô chien, tes morsures et ta gueule m'ont appris qu'il faut combattre et m'ont donné du courage.

Mes camarades de quinze ans ont été de bons camarades. Au fond de l'humanité, où sont les forçats du bagne, les soldats de la caserne, les mendiants des routes et les enfants du lycée, l'on trouve de bons sentiments. Je me souviens, un soir d'automne, dans mon enfance, de deux trimardeurs assis au bord d'un fossé. Ils se passaient un bras autour du cou, ils s'approchaient bien près l'un de l'autre, ils se pressaient la main et s'embrassaient. La vie leur était dure comme un pion, mais ils unissaient leurs cœurs. Ils n'avaient pas de femme, pas de mère, pas de frère, alors chacun d'eux fut pour l'autre une femme, une mère et un frère. Nous avions déjà besoin de certaines choses, et nous étions de bons camarades unis contre l'ennemi commun.

Mais toi, ma bonne maman, je t'aimais comme je t'ai toujours aimée. Je t'aimais avec élan comme on aime le ciel à travers les barreaux d'une fenêtre, je pensais à toi comme un prisonnier pense à l'espace. Maman, tu ressembles aux vacances, alors que le Monde nous ouvre ses portes. On ne te voit que deux ou trois fois par an, et tu es d'autant plus belle que tu fais partie de la liberté.

Les vacances de quinze ans, plus vives que celles de douze, je les compare à nos quinze ans qui sont nos douze ans agrandis. A douze ans, notre cœur rentre au nid, mais nos sens et nos sentiments de quinze ans prennent les sensations du monde, et celle du nid n'est que la plus douce, formée d'amour et de repos. Voici qu'ayant parlé d'un pion et des misères qu'il créa, j'ai presque menti en nommant le malheur. Oui, puisqu'en ce jour de vacances le pion s'enfuit comme un mauvais souvenir et devient un souvenir de souffrance pour augmenter la bonté d'un instant heureux, ce sont nos poitrines qui respirent, avec nos yeux qui voient et nos pieds qui vont et ce sont nos quinze ans qui ont tout oublié, généreux, et n'ont gardé de la prison qu'un désir d'aller dans l'étendue.

Les vacances de Pâques furent, cette année-là, un printemps qui correspondait à mon âme. Il y eut sans doute des vacances de Pâques aussi belles, mais il n'y en eut jamais d'autres pendant lesquelles j'eus quinze ans. La Nature s'ouvre tout entière et m'appelle: Viens donc, je suis là pour te plaire, et pour que tu me comprennes je me suis donné quinze ans.

Nature qu'autrefois je connus, vous m'apparûtes charmante et brouillée comme moi-même, vos prés se mêlant à vos champs, vos arbres, vos haies, et Vous, tout verts et tout bleus, et vous formiez un ensemble agréable qui est la campagne. Mais maintenant, Nature que je connais, vous semblez plus grande, avec des formes, des couleurs et la vie, et vous avez tant de faces, et si distinctes, qu'à chaque instant je les découvre et les comprends.

Lorsque je m'éveillais, le matin, un soleil jeune, un beau soleil d'Avril avait déjà passé sur la Terre afin de l'éveiller. Tu éveilles, mon beau soleil, la maison, la rue et le ciel. On ouvre la porte et la fenêtre, tu entres et tu nous apportes ces bonnes idées des matins de printemps. J'ai quinze ans, mon beau soleil. Tu cherches dans les champs les germes assoupis et tu en fais de l'herbe, des bourgeons et des fleurs. Tu cherches dans ma tête les sentiments d'amour et tu leur fais aimer l'herbe, les bourgeons et les fleurs. Bonjour, Monsieur le Soleil! Vous êtes un beau Monsieur de dimanche, un beau Monsieur de vacances et je vous aime comme le père du Printemps.

Quand j'étais enfant, parfois je vis des officiers et des saltimbanques. Les officiers rouges et bleus, pareils à nos cerveaux de dix ans, m'attiraient comme un désir, et les saltimbanques ressemblaient aux officiers. Je les suivais, ainsi qu'un satellite, pour recevoir un peu de lumière et de chaleur et je les examinais, officiers et saltimbanques, avec un grand amour. Aujourd'hui je cours après du soleil. Les images plus variées de mon imagination et le sentiment poétique du monde que l'on possède à quinze ans m'entraînent sur la route et m'en font goûter le spectacle. Je suis le soleil, ainsi qu'un satellite, pour recevoir un peu de lumière et de chaleur et je le suis bien mieux qu'un officier car il est plus brillant.

Voici les rues et les routes. Je salue les routes du Printemps qui suivent leurs pentes et marchent dans la Nature. Elles ne sont pas très belles puisqu'elles sont utiles, mais je les regarde quand même. Je leur trouve une couleur café au lait et les haies qui les bordent semblent poussées sur leur sol. Je salue les prés et l'herbe, où vont les bœufs: ils s'étendent sous le soleil limpide. On ne sait pas s'ils sont verts ou bleus. La raison dit qu'ils sont verts, puisqu'ils sont pleins d'herbe, mais le cœur dit qu'ils sont bleus à cause de leurs reflets. On les regarde et l'on pense qu'ils ont été créés pour faire notre admiration. Et les champs qui environnent les prés sont pareils à de la terre et font croire que les prés sont des champs sur lesquels on a mis un tapis. Je salue les arbres, et surtout les pêchers. Il est un poème qui parle de la Vierge vêtue d'une robe couleur fleur-de-pêcher. Je priai maman de m'indiquer un pêcher en fleur et je courus à lui. Ah! voici des fleurs de pêcher qui sont bien mieux que si elles étaient roses et qui sont si belles que l'on ne peut pas les décrire! Je les regardai longtemps, je fus ébloui, je les sentais comme entrer en moi pour me donner un bonheur couleur fleur-de-pêcher. Ah! voici des fleurs de pêcher.

Mais le ciel de Pâques! Le ciel de Pâques est fait tout entier avec de la lumière. Il est blanc, bleu et brillant. On dirait qu'il a dissous le soleil, on dirait encore qu'il est tout couvert de rosée. Et puis j'ai tort de parler du ciel. Depuis la Terre jusqu'au ciel, l'air est brillant et bleu comme le ciel de Pâques. Oh! printemps! Les haies en fleur, le ciel, la Terre et mes quinze ans se contemplent, comme des amis qui se connaissent depuis hier, mais qui sentent qu'ils se connaîtront toujours, et comme des amis dont l'amitié fut soudaine et qui se confient déjà leurs sentiments profonds.

C'est ainsi que mes sentiments faisaient partie de la nature et contenaient un peu de sa beauté. Il ne fallait pas leur demander davantage: nos poitrines de quinze ans suffisent à peine à notre respiration. Maman ne fut pas Celle que j'espérais, la mère aux choses, et l'ancienne mère de douze ans qui tenait lieu de n'importe quoi qui m'aurait manqué. Mon corps est tout droit, le Printemps qui le fortifie l'appelle et le tente. La seule chose qui puisse me manquer, le Printemps me la donne, c'est l'air avec la liberté.

Jadis ma mère eut une main qui prenait la mienne parce que mes jambes vacillaient et parce que ma tête ne savait pas les conduire. Maman possédait tout ce que je n'avais pas. Elle me guidait avec ses idées fortes et m'appuyait sur ses mains protectrices. Que les temps sont changés! Ma mère encore était un centre où allaient tous mes sentiments. Mes petits sentiments d'autrefois sortaient de mon cœur afin de parcourir l'Univers, et puis voyaient que l'Univers est trop grand pour les petits sentiments. Alors ils couraient tous auprès de ma mère comme une petite troupe qui ne sait pas quoi faire et qui reste où il fait bon. Voilà. Parfois la mère promenait ses oiseaux dans les champs. Savez-vous ce qui arriva? Un jour, la mère était absente et les petits oiseaux se sont promenés seuls. Ils se sont aperçus qu'on ne se perd pas dans le monde et qu'on y respire.

Ne dites pas que je n'aime pas ma mère, puisque ma prison contient son image. L'homme heureux est seul, en tête à tête avec le Bonheur. Le Printemps est mon bonheur, c'est pourquoi je suis seul en face du Printemps. C'est à Pâques qu'il faut venir nous voir, au son des cloches, et l'on apprendra que les cloches sonnent, que la Joie les suit et que les enfants l'accompagnent.

CHAPITRE SEPTIÈME

Je me souviendrai toute ma vie du soir où j'eus vingt ans. Assis dans ma petite chambre, la nuit tombant sur le jardin éteignait mes fleurs et mes oiseaux pendant que le ciel devenait tendre comme une âme souffrante. L'air du crépuscule est formé de petites perles sonores qui se renvoient les dernières paroles des arbres et des routes. Maman tira de l'eau, le treuil du puits grinça, le seau heurta les parois avec retentissement. C'est à ce moment surtout que je sentis venir mes vingt ans. Pourquoi? Je ne suis pas un malade qui voit de merveilleuses correspondances. Mais le puits criait comme une âme de fer que l'on attaque au crépuscule et ses cris entraînèrent les miens. On eût dit qu'il y avait quelque danger dans le monde. Je sentis venir mes vingt ans au fond de mon cœur frileux et je fus triste parce qu'ils n'étaient pas ce qu'ils devaient être.

Lorsque j'avais douze ans, je pensais: A vingt ans, tu seras on ne sait quoi, grand astronome ou général, mais tu seras quelqu'un de très grand parce que tu es allé au lycée et que tu y fus le premier de la classe. Lorsque j'avais quinze ans, j'étais plus précis: A vingt ans, tu seras sorti de l'Ecole polytechnique et l'on te verra, pareil aux officiers d'artillerie, passer dans ta petite ville comme une image de guerre et de gloire. Depuis, je n'ai plus voulu être officier parce que les officiers sont trop beaux et manquent de cœur en faisant souffrir les soldats. Il y avait, de plus, un de mes camarades qui voulait entrer à l'Ecole normale supérieure, et qui m'a montré que les officiers sont des êtres inutiles. Je fus bachelier et pendant les trois années suivantes, je me préparai à l'Ecole polytechnique. L'Ecole polytechnique conduit à toutes les carrières. On peut être ingénieur, commissaire de la marine, employé au ministère des finances, et l'Ecole polytechnique n'empêche pas d'être écrivain, peintre ou musicien. Les candidats à l'Ecole polytechnique se promènent dans un champ de rêves et connaissent toutes les espérances.

J'ai connu tant d'espérances que mes désirs étaient sans limites. Mais ce soir, mon âme de crépuscule est formée d'échos sonores. Les échos de mon âme se renvoient leurs bruits, tous leurs bruits froids, avec la voix impersonnelle des échos. Depuis les ennuis jusqu'aux espérances, c'est un bruit d'années captives qui marchèrent dans des cours, qui dormirent dans des dortoirs, qui vécurent chez les pions une vie triste et surveillée. Sur ma table, je vois les cahiers de trois années de mathématiques. Maman tira de l'eau, le puits rouillé grinça. Il me sembla entendre chaque X et chaque Y dans ma vie de candidat à l'Ecole polytechnique. Les X de l'algèbre, élégants et précis, raisonnaient froidement comme des personnes bien mises. Les X, les Y et les Z de la géométrie analytique semblaient des malheureux qui peinent, de malheureux journaliers qui cassent du bois. Mon âme grinça comme le puits dont on remue l'eau glacée. Ces mathématiques étaient faites avec ma substance. Une pile de cahiers, voilà mon adolescence, les premiers printemps, les feuilles qui s'ouvrent, le soleil plein de rosée et les petites amies de seize ans. C'est triste comme du bonheur perdu. F (x, y, z), théorie des équations, courbes et surfaces du deuxième degré, vieilles aventures répétées, c'est triste comme un prisonnier qui connaît toutes les pierres des murs de sa prison. Un homme avait labouré son champ. Le vent souffla sur le blé qu'il devait semer, et maintenant l'homme cherche sur la terre quelque reste des festins des fauves.

Mais il y a le lendemain des amertumes. Un jeune homme de vingt ans ne connaît qu'un soir amer. Gloire à mon sang qui passe comme un cavalier et qui remue et qui entraîne sur sa route depuis les vieillards du Passé jusqu'aux enfants de l'Avenir. L'Ecole polytechnique n'est plus que la carcasse d'une maison brûlée. Je l'abandonne. Pardonnez-moi si j'ai regardé en arrière. Je pars et je n'ai rien perdu. Le monde est comme un coup de clairon qui m'entraîne. Je ne me reposerai pas avant d'avoir trouvé la maison où l'on se repose le mieux.

Le matin je me lève et j'interroge les quatre coins du ciel. Je ne veux rien ignorer de l'espace. Voici l'air du matin qui vient de loin et qui s'emplit de toute la fraîcheur des horizons. Je pense aux professions que peut choisir un bachelier qui fit trois ans de mathématiques spéciales. Il y a les Contributions directes qui habitent les sous-préfectures et les préfectures et qui contiennent leur petit morceau d'avenir. Il y a l'Enregistrement qui habite un chef-lieu de canton, qui se marie avec une femme charmante et qui jouit d'une considération toute particulière. Il y a les Ponts et Chaussées où sont utiles les mathématiques spéciales. Les Ponts et Chaussées conduisent même à l'Ecole des Ponts et Chaussées où l'on devient ingénieur tout comme si l'on était entré à l'Ecole polytechnique. Il y a tous les ministères, qui sont à Paris avec des examens bienveillants. Je vous dis que l'espace entier est plein de promesses. Il y a encore toutes les situations que l'on peut découvrir chez les particuliers et dans les administrations privées. Je n'ai rien perdu, bon Dieu! Le médecin m'a dit qu'échouer à l'Ecole polytechnique avait fait le bonheur d'un de ses camarades qui, maintenant dans le journalisme, gagne dix mille francs par an.

Mon frère l'Avenir était vêtu de noir et son faux-col très blanc faisait deviner un jeune homme qui ne travaille pas beaucoup et qui touche de bons appointements. Les bacheliers ont des métiers élégants qui ressemblent à une distraction. On voit même des jeunes gens riches pratiquer ces métiers parce qu'ils ont peur de s'ennuyer à ne rien faire.

Je vécus ainsi pendant un mois dans ma petite chambre de province auprès de mon père en travail et de ma mère pleine de soins. Mes vingt ans étaient un peu bouillonnants, mais dans ce pauvre village où je ne fais qu'une halte, je ne veux pas laisser bouillonner mes vingt ans. Je vécus assis et me recueillant pour choisir un métier. Les miens n'étaient pas tranquilles. On ne peut pas dire que les ouvriers de province ont de l'expérience, puisque leur esprit ne connaît que le bois et les sabots qu'on en tire. Pourtant s'il est nécessaire de travailler douze heures afin de gagner le pain de sa femme et de ses enfants, cela montre que la vie est pénible. Il faut regarder un travailleur avec ses épaules lasses. Lorsqu'il réfléchit, il se dresse et contemple quelque endroit de l'espace avec un œil qui voit partout des soucis.

Il est vrai que je suis bachelier et que l'instruction mène à tout. Mon père a de la crainte, lui qui sait que les fils d'ouvriers participent à la vie ouvrière. De plus, si cela se passait ainsi que je l'espère, cela serait trop beau. Il en cause avec ma mère. Ma mère verrait bien les choses comme je les vois, mais elle a de l'inquiétude parce qu'en fin de compte on ne sait pas...

Moi je me dresse et je chante. Mes chers parents vous êtes entêtés. La vie et ses raisonnements, vous les entendez entre les quatre murs de votre chambre, et vous les regardez passer devant la fenêtre en doutant de leur réalité. Je ne sais pas comment faire pénétrer mes paroles. Je porte en moi trois cent mille espérances, mais pour chaque espérance vous avez un doute. Pourquoi? Moi je raisonne aussi. A l'appui de chaque espérance, je place un exemple. Mes anciens camarades ont tous les emplois dont je vous parle et moi, leur égal, je suivrai leur voie et j'aurai sur eux l'avantage de suivre une voie qu'ils m'auront appris à connaître.

Mon père se renferme dans son corps rugueux d'ouvrier et parce que ses épaules ont reçu les grands coups que la Vie donne aux travailleurs, il est empli de craintes. Tes camarades étaient riches ou bien ils avaient des protections. Dans le monde, les métiers ressemblent à la fortune. C'est pourquoi les riches ont de bons métiers pendant que les pauvres n'en ont pas.

Nous commençâmes par les protections.

On voit à cinq kilomètres de ma petite ville un village avec un château. Le village montre une rue et demie le long de laquelle c'est le commerce des auberges et celui des métiers, qui ne font pas grand bruit. Presque en face de l'église il y a l'école. L'église est vieille et n'a pas de place pour montrer son visage, l'école est large et blanche avec une place immense pour qu'on la voie et pour que l'on sache qu'en ce village instruction occupe une place immense.

Mais le village n'est rien. Il faut parler du château. Le parc et le château sont plus grands que le village et appartiennent à M. Gaultier. M. Gaultier est un homme plusieurs fois millionnaire et qui est ce que l'on appelle un agriculteur. Les agriculteurs sont ceux qui possèdent des domaines, les louent à des paysans et se font des revenus grâce à l'agriculture que pratiquent leurs fermiers. Ils vont souvent à Paris, gardent des relations de toutes sortes et se plaignent d'avoir beaucoup d'occupations. La plupart d'entre eux ont des opinions royalistes, mais M. Gaultier était républicain. Sinon l'on eût trouvé le moyen de donner une place à l'église et d'enfoncer l'école derrière les maisons.

De M. Gaultier, républicain et agriculteur, je ne connais pas la nuance républicaine, mais je sais qu'il était l'ami de tous les préfets. M. Gaultier avait une table exquise, une de ces tables exquises que nos gouvernements adorent. Les tables royalistes sont compromettantes parce qu'elles servent à conspirer contre la République. Les tables républicaines sont rares comme les véritables plaisirs. Aussi M. Gaultier avait le bras long. Oh! combien de facteurs, combien de cantonniers, qui ne pouvaient manger que du pain et des pommes de terre, doivent à M. Gaultier d'être facteurs ou cantonniers! C'est un bonheur pour les petites communes de posséder un châtelain influent.

Mais la puissance et l'éclat de M. Gaultier ruisselaient par les routes. La fortune ne reste pas stagnante dans un village, non, elle s'épand et brille afin d'éclairer les endroits d'alentour. D'abord la fortune est bienfaisante. C'est le cocher de M. Gaultier qui, dans les petites villes, va aux provisions ou bien promène ses chevaux. Et puis, les fermiers de M. Gaultier font partie de son personnel, de sorte que l'on peut dire qu'il fait marcher le commerce. Ensuite la fortune est un spectacle. Des victorias à deux chevaux contiennent Monsieur ou Madame ou Mesdemoiselles Gaultier. Belles voitures à beaux chevaux, on les entend de loin et l'on se range bien vite sur l'accotement, non pas parce qu'on craint d'être écrasé, mais pour ne pas les déranger et pour mieux les regarder passer. Belles voitures à beaux chevaux, cela distrait quand on se promène et leur luxe nous console du fumier qui est aux cours des fermes et des paysans épais qui travaillent dans les champs.

Tout le monde saluait M. Gaultier. Les riches, conservateurs, le saluaient comme un homme de leur monde et les ouvriers de toutes opinions le saluaient comme on salue la richesse. Je sais bien que quelques-uns, qui étaient ses fournisseurs, s'inclinaient davantage, mais cela ne fait rien puisque tout le monde saluait M. Gaultier. Lui répondait avec aisance, ayant l'habitude des bonnes manières. Il avait l'air très simple. Il ne se gênait pas pour causer à n'importe qui, si bien que chacun, dans le pays, savait que M. Gaultier était un homme affable auquel on pouvait demander service.

Voici pourquoi nous partîmes un soir, maman et moi, pour aller lui demander sa protection. Maman m'accompagna pour donner plus de poids à notre démarche et parce que les mères de ceux qui ont des ennuis à vingt ans sont leurs camarades et leurs sœurs afin de leur donner du courage.

La route est longue de chez nous à chez lui. Une soirée d'août, entre cinq et six heures, conserve la chaleur du jour et fatigue ceux qui marchent. N'importe, il faut marcher lorsqu'il s'agit d'avoir une place.

Nous arrivâmes à six heures dans le parc de M. Gaultier où l'ombre est grande comme aux riches demeures d'été. Ce parc merveilleux est un composé de toutes les beautés naturelles. On y voit une longue allée d'arbres, un taillis, des pelouses, des bosquets, des bordures de fleurs, des corbeilles de fleurs. Je me souviens de belles roses thé que j'aurais voulu cueillir, mais je m'en gardai bien, parce qu'il faut respecter les propriétés des riches. On arrive à un château semblable à ceux qu'on voit dans les livres de M. Francis Jammes. D'une part, il est bordé d'ombre pour les personnes qui aiment la fraîcheur; d'autre part, il y a une pelouse et de l'espace pour les jeunes filles qui aiment à jouer au volant. Des statuettes sur le perron ou au milieu des pelouses ajoutent l'Art à la Nature.

Mais nous étions intimidés en entrant dans le château. D'abord les vestibules en pierre sonore, puis la peur de déranger M. Gaultier à l'heure de son dîner. On nous introduisit dans un petit cabinet de travail que nous trouvâmes simple et de bon goût. Il y avait un grand désordre sur la table, parmi lequel on apercevait des brochures relatives à l'agriculture, des documents officiels qui portaient en tête: *Ministère de l'Agriculture* ou *Préfecture de ****. Un peu de poussière y était répandue. J'ai lu que certains savants défendent à leur valet de chambre de faire leur cabinet de travail, par crainte qu'il ne dérange les papiers. C'est sans doute à cette cause qu'il faut attribuer la poussière du cabinet de travail où nous étions assis.

M. Gaultier arriva. Comme nous nous excusions de le déranger à cette heure: «Ça ne fait rien», dit-il. Un sourire accompagnait sa bienveillance et nous fûmes à notre aise, chez un homme charmant. Sa tête s'inclinait pour nous écouter.

Maman parla. M. Gaultier comprit tout de suite qu'il faudrait une place dans laquelle pourraient s'employer mes connaissances en mathématiques. L'entrevue ne fut pas longue. M. Gaultier constata qu'il avait beaucoup d'amis à Paris, grâce auxquels j'aurais l'emploi désiré. Quant à dire maintenant quel il serait, on ne le pouvait pas parce qu'il fallait réfléchir et «frapper à plusieurs portes». Dans une quinzaine de jours, nous aurions une lettre et M. Gaultier estimait que dans deux ou trois mois à peu près je serais casé. Ensuite, je pourrais me tirer d'affaire moi-même. L'important est d'avoir le pied à l'étrier.

Merci, ô Monsieur Gaultier, merci! Nous le quittâmes, M. Gaultier est un homme qui porte toute sa barbe un peu grisonnante et si propre qu'elle donne à son visage un air sain. Le visage même de M. Gaultier est bruni par ses promenades et ses travaux d'agriculteur. Il a de bons yeux où passent des regards brillants comme la fortune et la santé. M. Gaultier, vêtu d'habits solides et chaussé de gros souliers, est un de ces propriétaires qui se portent bien parce qu'ils mènent une vie active et simple en gérant leurs propriétés. Nous avons vu un autre M. Gaultier, celui qui sourit et qui connaît des personnes à Paris. Ce M. Gaultier-là est un homme raffiné dont un frère est médecin, un autre ingénieur, et qui doit connaître les hautes idées de la grande société parisienne. D'ailleurs il est chevalier de la Légion d'honneur, c'est-à-dire qu'il a beaucoup de capacités.

Nous pensions ainsi, maman et moi, sur la route de notre maison. Tantôt nous parlions, tantôt nous ne disions rien, et les paroles de M. Gaultier marchaient devant nous, laissant entrevoir de mystérieuses profondeurs.

Savez-vous ce qui arriva? D'abord, pendant quinze jours il n'arriva rien du tout. Ensuite, nous attendîmes le facteur. Avec sa boîte pleine de lettres nous attendions le facteur. Au milieu de la rue, vers huit heures, on me voit guettant son passage, puis lorsqu'il va passer je rentre et j'attends. Le facteur passe. Le facteur est passé. Oh! comme on se sent seul alors! Mais dans les premiers temps, on renfonce l'amertume au fond de son cœur, on met l'espérance tout autour et l'on pense: Je voudrais bien être à demain.

Au bout d'un mois nous retournâmes chez M. Gaultier. Il y a de bons sourires et de bons accueils qui consolent les malades. M. Gaultier les connaît. Il ne nous gronda pas de nous être dérangés, mais nous assura qu'il ne m'oubliait pas. Il avait «frappé à plusieurs portes» et attendait qu'on lui répondît. Quel homme affable et sans cérémonie! Il nous serre la main et nous parle comme à des égaux. Il est doux d'avoir affaire avec des personnes bien élevées.

Au bout d'un mois nous retournâmes encore chez M. Gaultier. Cette fois-ci, nous pensions n'être pas loin du résultat. Un jeune homme à bicyclette que nous croisâmes était le neveu de M. Gaultier. Il était grand, avec beaucoup d'élégance. Ses gestes et ses regards aisés s'associaient à sa taille, élancée comme celle de certains fils de famille qui ont l'habitude du monde. Il nous salua gracieusement sur la route et semblait un reflet de M. Gaultier,—un reflet parisien parce qu'il était le fils d'un riche médecin de Paris. Ce jeune homme avait été refusé à son baccalauréat ès-lettres, mais il allait entrer à l'Ecole d'Agriculture de Grignon. Peut-être M. Gaultier avait-il écrit à son père, lui demandant d'user de son crédit pour nous. Quand M. Gaultier nous eut dit qu'il n'y avait rien encore, nous ne fûmes pas trop attristés, parce que nous avions rencontré quelqu'un qui était l'une des nombreuses relations qu'à Paris possédait M. Gaultier.

Alors le Temps passa. Chaque mois était séparé de son voisin par notre visite à M. Gaultier. Cet homme contient une provision d'espérance et ressemble aux bons spectacles et aux bonnes paroles qui nous aident à attendre l'Avenir. D'ailleurs, nous attendions l'Avenir au lendemain de chaque jour. Parfois le facteur s'avance, une lettre à la main, alors notre cœur s'élance vers lui, nos mains se tendent et ce sont des mains qui prennent et gardent un trésor. Nous fûmes toujours déçus parce que ce n'étaient que des lettres d'amis. Les amis sont consolants, mais bienheureux les hommes qui n'ont pas besoin de consolations! D'autres fois, le domestique de M. Gaultier était en ville avec sa grande voiture. Alors nous ne nous écartions pas trop de notre maison, parce que M. Gaultier aurait pu dire: «Il vaut mieux que j'envoie mon domestique les prévenir. De cette manière ils sauront plus vite que j'ai une place à leur donner.» D'autres fois nous sommes tous trois à la maison. On frappe à la porte. Nous nous regardons en nous demandant si ce n'est pas quelqu'un qui apporte l'emploi que nous cherchons.

Puis il n'y eut rien autre chose. Immobiles dans notre maison, les yeux braqués vers un château, nous attendions une grande grâce, pareils à ceux qui prient et croient en Dieu. Nous attendions une bien grande grâce en effet. Nous attendions que les riches prissent en pitié les pauvres. Nous nous étions dit: Les riches sont des hommes comme nous, que la fortune élève afin d'en faire nos gouvernements et nos protecteurs. Nous nous adressâmes à M. Gaultier parce que la Justice veut que les bacheliers qui sont instruits soient protégés par les gouvernements qui aiment l'instruction. Au fond de nous-mêmes nous doutions un peu de la Justice puisque les ouvriers travaillent sans connaître le plaisir ou le repos, ce qui est une chose injuste. Mais nous comptions sur la bonté de nos frères les riches. Nos frères doivent trop aimer la joie pour vouloir que nous restions dans le malheur. Si mes mains sont vides, M. Gaultier comprendra que j'en souffre et que je devrais travailler au lieu de manger le pain de mon père. Nous attendions, dis-je, que les riches prissent en pitié les pauvres.

J'ai honte, aujourd'hui, pour tous ces sentiments. Nous les avions conçus au milieu de notre petite ville dans laquelle on ne connaît rien. Mais j'ai honte parce que demander une faveur aux riches c'est entrer dans le cortège de leurs protégés et de leurs serviteurs. C'est demander: «Mon bon Monsieur, voulez-vous me rendre un service? Grâce à votre fortune vous le pouvez.» Or, demander cela, c'est s'incliner devant la fortune et le pouvoir. Je vois mon âme indépendante qui rougit en pensant à sa servitude ancienne comme un homme rougit d'avoir jadis démérité.

Le Temps passa. Il y eut d'abord l'automne, l'automne en cendre où le ciel semble un feu qui s'éteint mais qui éclaire et chauffe encore. Cette année-là, l'automne avait une douceur dans la campagne merveilleuse et mélancolique. Puis, l'hiver sembla descendre de l'automne et le continuer comme un fils continue son père, avec plus de force mais avec autant de bonté. Il y avait mes vingt ans et des bouillonnements fous. Vingt ans, c'est l'âge où l'Amour, mêlé à toutes les passions généreuses, fait du monde un champ d'action pour le Bonheur. Les riches poètes ont chanté nos vingt ans.

On y voit des amoureuses qui sont parfois des Andalouses en feu, d'autres fois des grisettes légères comme le plaisir, ou bien des jeunes filles dont on ne connaît pas la profession, mais qui sont intelligentes et que l'on couvre de fleurs. Les premiers pas d'un jeune homme qui lève la tête et regarde la Vie sans défaillance en sachant que le Monde est immense pour ceux de vingt ans. Les poètes riches nous ont fait connaître les joies et les orgueils qu'ils ont connus et nous ont dit: Nos vingt ans triomphent comme des fleurs et se posent sur les seins des femmes.

Moi je n'avais pas le cœur à penser à l'Amour. L'Amour est beau pour ceux qui ont de quoi vivre, mais les autres doivent d'abord penser à vivre. Ah! les vingt ans des pauvres! Les vingt ans des sans-travail, les vingt ans des ouvriers qui suent, les vingt ans des pions qui travaillent sans savoir si le travail conduit à l'Avenir! Les vingt ans des filles publiques que la syphilis a crevées! Nos vingt ans sont des bêtes dans des cages qui tournent et cherchent un trou, un joint, une fente pour y passer la tête et s'en aller. Nos vingt ans sont d'autant plus mauvais que vous les avez chantés. Nous les comparons aux vôtres. Vos joies nous ont remplis d'amertume, notre malheur se mêle à vos rires et se lamente comme un pauvre à vos portes. Ah! je vous le dis, poètes riches qui avez chanté l'Amour, soyez maudits!

Vous avez créé des bourses dans les lycées et collèges pour que les fils des ouvriers deviennent pareils à vous. Et lorsqu'ils sont bacheliers comme vous, vous les abandonnez dans leurs villages. Vous gardez pour vous les riches professions qu'ils devaient avoir et vous riez, vous avez vingt ans, quelques-uns des vôtres sont des poètes! Et cela démontre que si l'on est fils d'ouvrier, il ne faut pas s'élever au-dessus de sa classe. Le curé parlait de moi à des maçons: Voyez-vous, on fait instruire des enfants et ensuite on ne sait pas qu'en faire.

Il y a des Administrations inférieures dans lesquelles nous pouvons entrer. Mon titre de bachelier permet d'être commis des Ponts et Chaussées sans examen. J'ai fait une demande à M. l'ingénieur en chef, laquelle lui fut recommandée par M. Gaultier. Je gagnerai mille francs par an, mais c'est «de pied à l'étrier». Jamais je n'ai reçu de réponse. Vous avez établi des droits, vous les avez inscrits dans des documents officiels afin que tout le monde les connaisse. Ils sont peu de chose mais ils disent: La vie des pauvres est d'abord pénible, mais quand les pauvres se sont donné de la peine, il y a des examens qui les récompensent. Vous mentez. Jamais je n'ai reçu de réponse à ma demande pour entrer dans les Ponts et Chaussées. On croirait que vous avez créé des droits pour nous donner de fausses espérances et pour nous faire souffrir.

Les autres professions ne sont pas abordables. Les bureaux d'Enregistrement, tranquilles et indépendants, font de leur titulaire un homme qui peut se promener, faire des études ou fréquenter la société, mais pour être titulaire d'un bureau d'Enregistrement, il faut accomplir cinq ou six années de stage pendant lesquelles on ne gagne pas d'argent. Il faut aussi verser un cautionnement, car les riches seuls peuvent avoir un bon métier. Les examens des ministères sont comme s'ils n'existaient pas et puis l'on fait pour s'y présenter le voyage de Paris, au risque de revenir sans succès. Les situations que l'on peut découvrir chez les particuliers ou dans les administrations privées s'obtiennent par des relations de famille ou d'amitié. Or, les parents et amis des ouvriers sont des ouvriers comme eux. Les Messieurs Gaultier pourraient bien nous être utiles, mais la richesse les éloigne de nous et leur situation d'agriculteur ne leur laisse pas de loisir.

De quel côté que nous contemplions l'horizon, nous les pauvres aux yeux fixes, les riches se dressent entre l'horizon et nous avec des châteaux et des murailles, avec des règlements et des chiens qui les défendent. Nous marchons et nous voulons respirer, au milieu du monde, l'air des eaux et des forêts, nous marchons et nous sommes des gueux pleins de courage. Nous sommes allés bien loin et nous avons vu les riches assis dans leurs parcs et riant comme si le Bonheur recouvrait le monde. Nous aurions voulu posséder un enclos avec un champ pour y gagner notre pain. Les enclos sont gardés par les gardes des riches. Il y a tant de plaisirs sur la Terre, depuis le travail jusqu'au repos, et tant d'espace pour les goûter que nous étions bien sûrs de rire en route et de nous arrêter un soir, sous les chênes, avec une besace pleine et des cœurs pleins. Il n'y a plus de plaisir, il n'y a plus d'espace, les châteaux s'étendent et entourent tous les chênes de la forêt profonde.

Mais ce qui se passa fut bien heureux. A tout jamais j'abandonnai les rêves de grandeur qui, depuis l'enfance, poussaient mes idées dans l'orgueil. J'abandonnai tous mes rêves supérieurs, ceux qui traînaient des sabres et ceux qui rêvaient d'un emploi riche et fainéant. Je partis, mais ce ne fut pas un départ, ce fut un retour. Je revins auprès des miens avec des désirs sages comme un travailleur revient auprès de son travail. Orgueil fou, beaux emplois, beaux habits, splendeur blanche et plaisir des femmes, on ne peut pas dire que j'ai souffert en vous quittant. J'ouvre la porte de la maison paternelle. Les voici. Mon père aux grosses mains fait des sabots comme son père et dans la maison bien rangée ses sabots s'entassent et seront vendus à ceux qui font le pain, à ceux qui font les habits et aux ménagères actives qui ordonnent les maisons. Ma mère travaille aussi, c'est un travail utile pour cuire les aliments et c'est un travail d'amour qui embellit les chambres et qui embellit la vie. Je suis le voisin du charron, du tonnelier et du maréchal ferrant. Ceux qui travaillent pour gagner le pain qu'ils mangent m'entourent et vivent selon la loi qui veut que l'on gagne son pain à la sueur de son front. Moi, je suis un homme du peuple et je veux travailler comme les autres.

Voici ce que j'ai vu à vingt ans, pendant que les fils des riches dansaient. Moi, j'ai souffert parce que je ne travaillais pas. Mes membres ont souffert, mon cœur avait son orgueil, et mes idées, toutes mes idées criaient que celui qui ne travaille pas est une honte. Il ne faut pas dire qu'il y a des hommes inutiles, mais qu'il y a des hommes nuisibles.

Je cherche une place, mon Dieu, dans quelque coin du monde, une place qui serait pour moi. N'importe laquelle, pourvu que je travaille avec utilité et pourvu que je gagne ma vie, cette vie que vous m'avez donnée. Je suis si petit et le monde est si grand qu'il y a sans doute quelque place avec un travail que je saurai faire. Si j'étais agile et grand, je monterais en haut des échafaudages, au milieu des maçons. Je voudrais pouvoir aller à Nantes ou au Havre, comme les débardeurs. Je voudrais pouvoir faire la moisson. Si je savais creuser les sabots, je resterais à la maison et je dirais à mon père: «Assieds-toi, il y a longtemps que tu travailles, et c'est moi maintenant qui creuse les sabots.» Puisqu'on m'a mis au monde, c'est qu'il y a dans le monde une place pour moi. Il y en a qui refusent des places, mais moi je prendrai toutes celles que vous m'offrirez.

Oh! je ne mens pas. Il y eut un jour où je pensai: Je vais prendre dans ma besace du pain, des habits et cent sous et je partirai. Je partirai pour mendier. Dans les fermes, dans les châteaux, dans les usines, dans les bureaux, je m'arrêterai. On me dira: Mon garçon, vous êtes trop jeune pour mendier. Alors je répondrai: Voulez-vous me donner du travail? Je demanderai l'aumône s'il le faut, mais je partirai. J'économiserai de quoi m'acheter des souliers et je marcherai tout le temps qu'il faudra. Je finirai bien par trouver du travail puisque toute ma vie j'en chercherai.

Un matin, nous n'y comptions plus, lorsqu'une bonne nouvelle arriva. Il y avait dans ma petite ville un sellier dont le fils était pharmacien à Paris. Nous autres, fils d'ouvriers, nous nous regardons et nous nous tendons la main. Ce jeune homme m'annonçait qu'une place dans un bureau m'était réservée, où je gagnerais 3 fr. 75 par journée de travail. On ne travaille pas le dimanche. J'ai le pied à l'étrier. Et c'est ainsi que finit mon livre parce que la peine des pauvres gens ne finit guère, et c'est le travail qui commence, quand une peine a fini.

Et ce livre, maman, on croira que je l'ai fini sans penser à toi. Mais non. J'ai dit d'abord: Il n'y aura que maman dans ce livre. C'est parce que je ne me rappelais que des instants heureux: or j'ai subi beaucoup de malheurs. C'est la Vie qui se dresse entre nos mères et nous, et qui les cache. Mais nous les aimons quand même, et si nous sommes tristes parfois, c'est quand la Vie nous empêche de penser à nos mères. Tu prendras des lunettes pour lire ces phrases. Tu épèleras mot à mot en disant:—C'est un gros livre plein de mots.

Eh bien, maman, chacun de ces mots est pour toi. Ma vie de fils, la voici racontée. Maintenant, je gagne 3 fr. 75 par jour, et c'est ma vie d'homme qui commence.

NOTE:

[1] *Cette plaquette, parue en* 1900, *à la Bibliothèque de* LA PLUME, *était considérée par l'auteur comme formant un tout complet. Elle contenait, de la présente édition, les chapitres:*

Deuxième, *moins les vingt-cinq premières lignes*;

Troisième, *à partir de ces mots:* Cinq ans, six ans et sept ans, la joie...;

Cinquième, *en entier*;

Septième, *moins les seize dernières lignes.*